U0605471

不好意思说的
心理学

王保衡 /著

那些你从来不知道的心理学隐秘

民主与建设出版社   博集天卷
CS·BOOKY

图书在版编目（CIP）数据

不好意思说的心理学 / 王保蘅著. — 北京：民主
与建设出版社，2014.10
ISBN 978-7-5139-0461-2

Ⅰ.①不… Ⅱ.①王… Ⅲ.①心理学—通俗读物
Ⅳ.①B84-49

中国版本图书馆CIP数据核字（2014）第203164号

©民主与建设出版社，2014

出 版 人：许久文
责任编辑：赵振兰
封面设计：荆棘设计
出版发行：民主与建设出版社
电　　话：（010）59417745　59419770
社　　址：北京市朝阳区曙光西里甲6号院时间国际大厦
　　　　　H座北楼306室
邮　　编：100028
印　　刷：三河市鑫金马印装有限公司
成品尺寸：150mm×210mm
印　　张：9.5
字　　数：197千字
版　　次：2014年10月第1版　2014年10月第1次印刷
书　　号：ISBN 978-7-5139-0461-2
定　　价：29.80元

注：如有印、装质量问题，请与出版社联系。

第1章
心灵扭曲者的世界：精神障碍到底是怎么回事儿

　　如果你童年有残忍对待小动物的行为，说明你内心的魔鬼指数在30%～60%。这类人对待他人和生活比较冷漠，没有太多的同情心，在别人需要帮助时，他们也很少伸出援助之手。但当自身利益或安全受到威胁时，他们会毫不犹豫地反扑别人，保护自己，事后，他们中绝大多数人还会产生报复心理，时常做出一些追悔莫及的事情。

1. 精神分裂症：史上最会赚钱的女强人与牛奶瓶的终极辩论　/002
2. 魔鬼指数：心理扭曲下的恶魔测试　/006
3. 人间的孤独行走者：分裂型人格障碍　/012

第2章
梦的预警：梦的心理自愈密码

　　★梦见飞禽走兽，要注意脖子
　　一名英国妇女总是梦见自己进了动物园，然后被各种动物围住，怎么赶也赶不走。对于这种梦境，加菲尔德的建议是检查甲状腺，在他的备案中，很多甲亢患者都有过类似的梦境。
　　★梦见身临沼泽或者水潭，意味着肾脏出现了问题
　　从医学角度来分析，肾虚水肿的时候，下半身的湿气很重，这种感觉在入睡后会更加明显，于是很容易梦见自己被水包围。

1. 潜意识的镜子：梦的真相　/020
2. 接通阴阳：梦要告诉你什么　/024
3. 心理学版"周公解梦"——梦是疾病的传话人　/029
4. 噩梦更钟情女人　/033

第 3 章

色彩疗法：在色彩冥想中自由呼吸

"粉红色为什么会化解一个人身上的戾气，起到镇定、安抚的作用呢？我们可以将事件推回去，甚至可以回溯到一个人的胚胎时期。要知道母体的颜色就是粉红色，幼儿出生后观察世界的时候，粉红色就是他们眼中最具吸引力的颜色。"

在众多色彩当中，粉红色是最能激发一个人童年记忆的颜色。当一个人的视野中出现粉红色时，他就会在潜意识中把对方定义成安全、温馨的。所以，很多时候，只要一看见粉红色，人们内心中接受他人、想要与他人打成一片的意愿就非常明显了。

1. "心理色"——色彩的能量奥秘　/038
2. 粉红色：化解戾气，来自母体的颜色　/045
3. 橙色：最接近美好、最类似爱情的颜色　/051
4. 蓝色：帮你入眠的颜色　/056
5. 色彩实验：正能量色彩和负能量色彩　/059

第 4 章

催眠疗法：不可思议的灵魂之旅

催眠越深越好吗？

心理学家对接受催眠的患者进行过大规模调查，得出的结论是，其实心理治疗在浅度或中度催眠就足够了，并不是所有人和所有心理问题都需要进入深度催眠状态才能解决。更重要的是，深度催眠并不是完全没有弊端的，最常见的一个弊端就是随着催眠深度的不断加深，人们会对催眠师越来越依赖。

1. 催眠的时候，真的什么话都敢说 /064

2. 失眠、抑郁、家族性遗传病：催眠的神奇能量 /068

3. 催眠越深越好吗？——关于催眠深度的真相 /072

4. 在心里种下一粒种子：催眠后暗示 /075

5. 重塑人格：修正你的暗示系统 /080

第5章

心态失衡：心理疾病的不完全诱因

什么是偏执型人格呢？这种人格障碍最显著的特征就是极其顽固地固执己见。这是一种变态的人格，突出的表现是对自己的过分关心以及自我评价过高，当遭遇挫折和失败，往往归咎于他人或推诿给客观因素。

精神分析学认为，偏执型人格的形成原因与幼年失爱有直接的关系。那些幼年生活在不被信任、常被指责和否定的家庭环境中的人，更容易出现偏执型人格。另外，后天的成长中连续受挫遭受严重生活打击的人，也是偏执型人格障碍较高的人群。

1. 在不同的频道间跳来跳去：多重人格 /086

2. 所有人都要害我！——被害妄想症 /093

3. 只有我才是永远对的！——偏执型人格障碍 /096

4. 情绪饥饿：心理失衡怎么办 /100

5. 美女抢自己家的银行，算不算心理变态 /104

6. 弗洛伊德：自卑是被长久关着的老虎 /107

第6章

情感治愈：安抚双向情感障碍

美国同性恋协会研究发现，一些对"同性恋"这个词抵制情绪非常激烈的人，往往就是潜在的同性恋，尽管他们对此一无所觉。这些人对同性恋持鄙视和讥讽态度，很大程度上来自于父母和周围人的专制压力。如果你内心深处有这样强烈的感觉，不妨问问自己："为什么会这样？"

美国同性恋协会的一项调查显示，在比较宽容的家庭氛围中成长的孩子，一般对同性恋的态度没有太激烈的情绪波动，而在非常严肃专制的家庭氛围中成长的孩子，看待同性恋的态度很激烈，结果显示，后者存在同性恋倾向的可能性比较大。

1. "萝莉情结"？"恋童癖"？ /112

2. 同性恋：只是两个人刚好相爱 /117

3. 恋母情结：你会在爱人身上寻找母爱吗 /122

4. 婚内分居：无性婚姻能够持续下去吗 /127

5. 坐错车：你的另一半花心吗 /132

6. "我要和自己结婚" /139

7. 女人是喷火怪物？——男人的婚姻恐惧症 /144

第7章

自然疗法：心灵与自然的互换

在精神上受到伤害以及有行为障碍的孩子，一般都有不幸的经历，如受到虐待或者父母中的一个已不在人世，这些孩子会变得很内向，甚至自闭。对于他们来说，跟动物打交道比跟人交往要容易得多。动物能够激发孩子好动的天性，让孩子忘记伤痛，变得更加勇敢，对他们的心理和生理恢复都是大有益处的。

1. 神奇的海豚治疗术　/150
2. 谁来拯救星星的孩子　/154
3. 老年空巢孤独症：宠物狗怎样帮助老人摆脱孤独症　/159
4. 猴子老人：弗洛伊德探寻的秘密　/164

第8章

沙盘游戏：盒子里的心理治疗师

上帝原型：

在人类历史上，神灵都代表一种信仰和臣服。在沙盘游戏中，上帝原型往往是由足球裁判、耶稣、真主安拉等来扮演。将上帝原型注入作品中的人，内心世界往往都是空虚、失落的，严重者甚至已经放弃了"自己所剩无几的生命"。当然，并不是说所有玩沙盘游戏的人都会出现类似情况，这是有所指的。荣格自己也说："一个好奇的孩子，他在沙盘中摆放的上帝模型，和一个颓废封闭的中年人摆放的上帝模型，是应当区别对待的。小孩子或许只是出于自己的创造力，而中年人则很有可能已经对现实绝望了。"

1. 沙盘游戏的来龙去脉　/168
2. 唤醒"沉睡的内心"——沙盘游戏的奥秘　/171
3. 沙盘中的心理世界　/175
4. 原型的世界：阴影原型、智慧老人原型、上帝原型……　/178
5. 仙鹤、蜜蜂、白兔：里卡多一家人的秘密　/183
6. 沙盘游戏里的"深蓝儿童"　/189
7. 在沙盘的理想王国里敞开心扉　/193

第 9 章

爬不出的心理地狱：可怕的抑郁症

通常，抑郁症患者的自我评价非常低，经常莫名地贬低自己，感觉自己对不起别人，产生深深的自责感，他们觉得自己是家人的累赘，是社会的废物和寄生虫。他们常夸大自己的缺点，而忽视自身的优点，把过去的一般性缺点，夸大成为不可饶恕的罪行，甚至通过自杀来结束生命。在生活、工作中，一旦出现不顺，他们就会将责任全部归咎于自己，甚至某些重度抑郁症患者会认为他们应该为不公正的事情负责，并愿意接受"惩罚"。

1. 抑郁症：心理感冒　/200
2. 对于抑郁症，荣格有话说　/203
3. 焦虑症：压抑情绪的替身　/208

第 10 章

潜意识：人体内暗藏的强大治愈力

实际上，恐惧心理有正常与病态的区别，弗洛伊德认为，假如一个人置身于非洲丛林，忽然看见一条吐着芯子的毒蛇，这时的恐惧就是正常的恐惧心理，因为这种恐惧有助于人们保护自己。但是如果人们在自己家里，却疑心地毯下藏着一条毒蛇，这种恐惧心理就是病态的、不正常的。再比如说，有人在日本旅游，担心发生地震而产生恐惧心理，这就是正常的；但有人在国内从未发生过地震的省市出差，却总是疑心自己会遇上地震，这种情况就属于病态的恐惧心理。

1. 治愈密码：潜意识自有大药   /214

2. 地毯下的蛇：潜意识如何帮你消除恐惧心理   /220

第 11 章

情绪调节：做自己的情绪调节师

20世纪50年代，美国心理学家劳伦斯·莱香对一组癌症病人做了大量调查研究，他发现，大多数癌症病人在童年期就有过失去父母或亲属的悲伤经历，这样的遭遇使他们养成了缄默的个性。成年后，他们变得不爱交际，对工作和生活缺乏热情，而且总是郁郁寡欢、顾影自怜，一生都是在无望和孤独中度过的。

1. 暗示：世界排名第一的执行力   /224

2. 霍桑效应：你想成为什么样的人，你就会成为什么样的人   /230

3. 操纵你的负面情绪   /234

4. 情绪奴隶，转移你的不良情绪   /239

5. 把你的痛苦写出来：消极情绪如何转化为积极情绪   /242

6. 易怒者要学会控制愤怒情绪   /248

第 12 章

心理暗示：疗愈自我的神奇法则

怎样对自己进行心理暗示？其中一个诀窍是，要用现在进行的状态来自我暗示，而不是用将来的话语状态。

比如，要经常这样对自己说"我现在已经越来越棒了"，而不是"我将来一定会越来越好"。因为人在潜意识里会对自我肯定有一定的反应，对自己说"我将来一定会越来越好"，那么另一个反对你的潜意识就会说："你将来会变好吗？很难说。"

1. 潜能量：肯定自我的暗示法则 /254

2. 消失的疼痛：暗示的力量 /260

3. 重塑自我：重生的力量 /264

附录：

12 项测试：30 秒内看透自己最真实的一面

测试你最假的一面 /270

测试你在恋爱中的性格特征 /272

测试你是否有恋母情结 /274

测试你的心理特征 /276

测试你的人际交往能力 /278

测试你的情绪控制力 /280

测试你的冷漠指数 /282

测试谁是你的最佳倾诉对象 /285

测试你的意志力 /286

测试你的虚荣心有多强 /288

测试你的自恋程度 /289

测试你的悲观指数 /293

第 1 章

心灵扭曲者的世界：精神障碍到底是怎么回事儿

分裂型人格障碍的患者在性欲方面也比较淡漠，用"不近女色"来形容他们一点儿也不为过。虽然他们的内心世界颇为丰富，喜欢思考，却经常缺乏相对应的情感内容，缺少积极的进取心。很多时候，他们总是用冷漠无情来应对多变的环境，逃避现实。

研究还认为，分裂型人格障碍患者可以适应大多数人不容易接受的工作，比如单调的图书馆书库工作、山地林场等方面的工作，而很难适应人员多、需要交际的工作。

1. 精神分裂症：史上最会赚钱的女强人与牛奶瓶的终极辩论

　　美国历史上最会赚钱的女强人亨丽埃塔·格林年轻的时候，就显现出了各种与众不同的怪癖，比如腰缠万贯却舍不得花钱治疗自己的疝气，拖延儿子的伤情导致他不得不截肢保命等。到了人生的最后几年时光，格林患上了人格分裂症，她将自己关在屋子里，整日不出门，人们很难与她交流。由于早年过于吝啬，子女对格林的情感也很冷漠，都学着妈妈的样子混迹于商业会所，很少看望格林。至于家中的仆人，他们对于格林的态度更是糟糕。男主人不在家的时候，他们常常把没有加热的食物拿去给格林吃，还恶狠狠地呵斥她，将她一个人留在光线暗淡的屋子里。

这样的情况对于一个曾经翻云覆雨的贵妇人未免有些凄惨，但是据几位拜访过格林的人描述，这位女强人对于自己目前的生活非常满意，更加令人惊奇的是，格林从来不认为自己是寂寞的，她时而唠唠叨叨，时而沉默不语，没有一点儿孤独的意思。

令人不可思议的是，格林是在一番"辩论"中去世的，而那个"辩论对手"就是一瓶脱脂牛奶——她和一瓶脱脂牛奶"交上了朋友"，随后又同对方展开了含混不清的辩论。最终，格林无法说服那瓶顽固的牛奶，导致双方的关系迅速破裂，而格林也在这一阵激情洋溢的辩论中去世了。

曾任美国心理学会会长、哈佛大学心理学系主任乔治·米勒说过："由于大量涉及精神分裂的电影被搬上银幕，人们对精神分裂症患者的歧视也达到了一定高度。**实际上这些饱受精神疾病困扰的人群，在主观意识方面并不认为自己需要帮助，甚至可以说他们'很洒脱'。**"

米勒表示，人格分裂症是一种并不罕见的精神疾病，它也不像很多人看到的那么可怕。就像格林，家人将她孤零零地弃置在空荡荡的屋子中，但她并没有感到孤独，这一点或许就是精神分裂症的"有利之处"了。

当然，米勒的言论更多是一种调侃，他也明白，正是孤独造成了格林的人格分裂，但是这种疾病反过来又帮助格林摆脱了孤独的困扰。对于精神分裂，米勒做了这样一个比喻：

"它就像农夫手上起了水泡，虽然有些疼，但这却是保护肌体不再进一步受到伤害的有效途径。" 在米勒看来，妄想是精神分裂者的重要表现，而格林就是非常明显的妄想症患者，她将那瓶普通的脱脂牛奶想象成一个鲜活的人，并且与对方展开了一场别开生面的大辩论。

米勒认为，大多数精神分裂症患者都是由轻度妄想症发展起来的，同时他还指出，妄想症的种类很多，其中以"被洞悉妄想""疑病妄想""钟情妄想""关系妄想"四种最为常见。

第一种：被洞悉妄想

米勒解释说，患者往往会认为自己不需要通过语言表达，交流者就会提前探知他心中所想，并因此惴惴不安。对于格林，我们可以断定她正是"被洞悉妄想"这一类。这类人的特点就是孤僻，厌世，害怕与外界交流，在他们看来，唯有远离人群，从源头上斩断自身同外界的联系，才能使自己"不被洞悉"。

第二种：疑病妄想

这同样也是精神分裂症患者常见的病症，他们认为自己正在遭受某种疾病的侵害，马上就要死掉了。很显然，格林不是这样的人，她并不认为自己患上了什么疾病，在她看来，自己过得非常好。

第三种：钟情妄想

"钟情妄想"往往发生在青年男女当中。患者总以为自己人见人爱，那些拒绝自己的人都只是在考验他（她）的勇气和决心罢了。格林同样不属于这一类型，因为她的字典里从来没有"情"和"爱"两个字。

第四种：关系妄想

当周围人谈论的时候，患者往往会坚定地认为自己就是他们谈论的中心，并由此变得愤怒或者不安。这类患者的突出表现就是，他们对于外界因素非常敏感，显得神经兮兮。格林同样带有这样的特质，她在一个无人的环境中活得有滋有味，反倒是不请自来的厨娘、家人会让她狂躁不已。对于格林来说，她可以同自己对话，正所谓跟自己恋爱不会遇到情敌，格林正是处在这种"无忧无虑的快乐生活"之中。

2. 魔鬼指数：心理扭曲下的恶魔测试

"你会残暴地对待小鸟或其他小动物吗？"当大学教授卢克·瓦休向他的学生提出这个问题时，在座的23名学生中，有5名学生缓缓地举起了手，其中有4名男生、1名女生。

在分析这个问题之前，卢克·瓦休给学生们讲了一个故事。这个故事听上去令人毛骨悚然，但故事背后隐含的心理状态却更加让人惊悸，同时又不得不让人感到遗憾和无奈。

说起亨利·李·卢卡斯，相信很多人都不会陌生，因为他成年后的所作所为，可以说震惊了整个美国乃至全世界。他到底做了什么令人震惊的事呢？原来，在被弗吉尼亚州高等法庭裁定为犯下多宗杀人罪行时，卢卡斯冷笑着，得意地向弗吉尼亚州警方交代了他在1975年至1983年期间，总共犯下了几千宗罪行，被害人达3000多人。

然而，经重案组反复核查，被卢卡斯杀害的人数在350人左右。尽管如此，主审卢卡斯一案的得州检察官依旧认为这个数字太耸人听闻，决定对卢卡斯判处重刑。

卢卡斯被称为美国历史上的杀人狂魔，美国人民普遍认为，卢卡斯是美国史上杀人最多、手段最残忍且被逮捕后表现得最猖狂的"连环杀手"。无疑，卢卡斯的所作所为让人们感到震惊，而卢卡斯得意扬扬地交代一切罪行（包括一些未经证实的罪行）的行为更令人震撼，于是很多人就想知道，卢卡斯这么做的动机是什么。而心理学家则提出了一个更确切的问题，那就是卢卡斯的所作所为到底体现了什么样的心理。

就此而言，瓦休教授给学生们讲述了卢卡斯早年的一些事情。原来，卢卡斯的童年可以用悲惨来形容。卢卡斯出生后不久，他的父亲就因为一场意外导致下半身瘫痪，失去了工作能力，一家人的生活重担都落在了卢卡斯的母亲身上。然而，卢卡斯的母亲却是一个酗酒成性、脾气暴躁的妓女，据说还吸毒。自从父亲瘫痪，卢卡斯和父亲便成了母亲酗酒后发泄怒气的主要对象。

可以说，童年时期的卢卡斯就是在母亲的谩骂和殴打中度过的，而且他在母亲那里遭受的残酷虐待恐怖得令人难以想象，卢卡斯失明的左眼就是最好的证据。而在被捕后警察问及这一点时，连卢卡斯自己也记不清这是哪次殴打的结果了。

不仅如此，12岁那年，卢卡斯的头部还遭受过一次重创，当然，是他母亲的杰作。而这次重创直接损伤了卢卡斯的大脑，对此瓦休教授认为，这极有可能是卢卡斯后来冷血作为的原因之一。由于长期遭受母亲的虐待，不知不觉中，童年的卢卡斯总是喜欢到处捕捉小动物，比如小鸟、白鼠以及小猫、小狗，将它们关起来折磨致死。正如卢卡斯自己所说的："我被母亲折磨得一点儿同情心也没有了。"

讲到这里，瓦休教授是这样对学生们说的："几乎所有具有病态杀人倾向和行为的人都有不幸的童年生涯，卢卡斯也不例外——在那样的环境中，一个孩子依旧能够保持或长期保持正常的心理状态，那就是奇迹。"只可惜，卢卡斯并没有创造出这种奇迹。

当时，课堂上一位名叫威尔逊·莫里扎特的学生却对此提出了质疑："一些在童年遭受过像卢卡斯那种被虐待甚至比卢卡斯遭受的虐待还要残忍的孩子，在后来的人生中也未见有暴力残忍的行为或杀人行为，恰好相反，一些在童年没有遭受过虐待、在美好的环境中长大的孩子，却成了罪犯，甚至比卢卡斯还要残忍，这又怎么解释呢？"对于学生提出的这个问题，瓦休教授认为，这就要从精神受伤程度上来分析了，卢卡斯身体和精神受伤非常深，已经到了精神分裂的状态。

的确如此，当律师把卢卡斯童年的悲惨遭遇向法官以及陪审团展示了一番后，明确指出卢卡斯的精神状态极其不好，已经接近重度精神疾病患者的状态，并要求请专家立即给卢卡斯做精神疾病鉴定。当时，法官及陪审团休庭商议之后，同意立即给卢卡斯做精神疾病鉴定，而鉴定的结果是卢卡斯的确患有精神分裂症。当时法庭宣布，卢卡斯至少得在精神病医院里住上40年。

对此，有学生提问："难道童年遭受的暴力行为都会导致人精神分裂吗？"瓦休教授认为，这倒不完全是。卢卡斯的行为不仅仅是母亲对他施暴导致的，还有一些难以想象的变态怪招。比如，卢卡斯的母亲心情好的时候，就会将卢卡斯打扮成小姑娘，让他穿女孩子的衣裤去上学。毫无疑问，卢卡斯肯定会遭到同学们的嘲笑和戏弄，这无疑会彻底摧毁一个男孩的自信和尊严，卢卡斯后来的双性恋倾向，估计有90%的可能正是受这件事的影响。

讲到这里，瓦休教授转而讲到"是否会残暴地对待小鸟或其他小动物"那道心理测试题。这道题主要是为了测试童年的遭遇对人的一生的潜在威胁指数，换句话说，就是测试你内心的魔鬼指数有多高。

如果你童年没有残忍对待小动物的行为，说明你内心的魔鬼指数在20%以下。这类人心地善良，有很强的同情心和责任心，在他们的身上很难发生虐待行为，即便是在忍无可忍的情况下，他们也很难做出伤害和报复对方的行为。但正是因为这类人天性过于善良，所以很容易受到别人的伤害。

瓦休教授对这类人的建议是该出手时就出手，不要让别人将你的善良误以为是胆小怕事，这样才能更好地保护自己和自己想要保护的人。

如果你童年有残忍对待小动物的行为，说明你内心的魔鬼指数在30%~60%。这类人对待他人和生活比较冷漠，没有太多的同情心，在别人需要帮助时，他们也很少伸出援助之手。但当自身利益或安全受到威胁时，他们会毫不犹豫地反扑别人，保护自己，事后，他们中绝大多数人还会产生报复心理，时常做出一些追悔莫及的事情。

瓦休教授对这类人的建议是，仔细体会周围人的帮助与爱心，借以改变自己孤独、冷漠的内心世界，增强人生的价值观以及对社会的责任感。

如果你童年有极其残暴对待小动物的行为，那么说明你内心的魔鬼指数在70%以上。这类人性情孤僻，严重缺乏同情心和责任感，对美好事物也有一种厌恶感，所以他们在生活中会有意无意做出一些令人发指的行为，因为他们总是喜欢将自己的快乐建立在别人的痛苦之上，并且不知悔改，乐在其中。他们的人生存在极大的潜在威胁，只是他们自己浑然不知而已。

瓦休教授对这类人的建议是，用心感受和体会周围人的关怀以及世界的关爱，纠正自己日益扭曲的内心世界，正确看待世上一切美好的事物，用感恩的心去生活，让自己的人生充满爱。

瓦休教授指出："从心理学的角度分析，童年时期残忍、残暴地对待小动物的行为，实际上就是一种心理扭曲，它正预示着你今后的人生中，特别是在遭遇某些不好的状况时，你可能会做出令大家甚至令你自己也意想不到的错误行为。"

另外，瓦休教授提醒大家，即便你内心恶魔指数在70%以上，也仍然有办法改变。因为心理不正常的人只占社会的极少数，并且这些人还可能因自身和外界的帮助得到改善，从而过上正常人的生活。

3. 人间的孤独行走者：分裂型人格障碍

分裂型人格是现代医学心理咨询门诊中常见的人格障碍。多年的心理研究显示，分裂型人格障碍患者与正常人群的比例为1:6，且男性多于女性。在心理学家看来，分裂型人格患者在观念、外貌特征以及人际交往等方面有明显的缺陷，因而在情感方面表现出异常的冷漠。患有分裂型人格障碍的人一般会异常严肃，谨慎保守，不喜欢人际交往，不合群，他们既没有朋友，也很少去参加社会活动，虽然他们也为此苦恼，却不能意识到自身存在的问题。

分裂型人格的诊断标准中，对它的特征是这样表述的：
个体存在奇异的想法或信念，或者产生出与文化背景不对等的行为方式。比如相信透视力，对特异功能或第六感等痴迷。

个体表现出奇怪、反复无常或者有特殊行为的外貌。例如穿奇特的服装，行为不合时宜，个人行为方式不明确等。

个体言语怪异，与人沟通时经常用词不当、繁简失当、缺少正确的表达意思等，而这些并非是由于自身文化程度或者智力障碍等因素引起的。

个体经常有不同寻常的知觉体验。比如产生幻觉，看到不存在的人或物。

个体对人极度冷漠，甚至对家人也同样如此，不懂得关心别人，更缺少对其他人的温柔体贴。

个体表情淡漠，很少会有深刻或生动的情感体验。

个体喜欢单独活动，而主动与人交往仅限于工作或生活中必要的接触和交往。很多时候，除了亲人外，他们很少有亲密的好友。

心理学家认为，如果一个人符合以上特征中的四点，那么便可初步诊断其患有分裂型人格障碍。从心理学家的诊断标准中可以看出，分裂型人格障碍在工作和生活中表现出缺少亲情和温情，很难与别人进行情感方面的交流和互动，因此他们的人际关系非常糟糕。很多时候，他们很难真正享受到人间的种种乐趣，比如夫妻间的亲密关系、亲朋好友之间的情感互动，并且还缺少表达情感的能力，因此大多数分裂型人格障碍患者都是独身，即使结了婚，婚姻关系也不能长久地维持下去。

一般来说，这样的人对别人发表的意见持漠不关心的态

度，无论是批评还是赞美，他们都会无动于衷。他们过着孤独寂寞的生活，其中有一些人，虽然有个人爱好，但大多是欣赏音乐、读书看报等安静、被动的活动；另外一些人沉醉于某一种专业，也取得了一定的成就。当然，总体来看，这样的人大多还是缺少创造性和独立性的，对多变的社会很难尽快适应。

此外，分裂型人格障碍的患者在性欲方面也比较淡漠，用"不近女色"来形容他们一点儿也不为过。虽然他们的内心世界颇为丰富，喜欢思考，却经常缺乏相对应的情感内容，缺少积极的进取心。很多时候，他们总是用冷漠无情来应对多变的环境，逃避现实。

研究还认为，分裂型人格障碍患者可以适应大多数人不容易接受的工作，比如单调的图书馆书库工作、山地林场等方面的工作，而很难适应人员多、需要交际的工作。

其实在现实生活中，人们经常会将分裂型人格与精神分裂症联系在一起。分裂型人格容易诱发精神分裂症，这个说法一直没有找出令人信服的论据。在日常的精神分析中，一些心理专家认为大多数精神分裂症患者病前存有分裂型人格的特征，而另外一些人在对分裂型人格障碍患者经过15年以上的观察后发现，很少有人变成精神分裂症，分裂型人格障碍患者的血清中也并无较正常族群更多的精神分裂症病患特征。因此，分裂型人格与精神分裂症的关系尚待证实。

心理学家发现，分裂型人格障碍的形成大多与个体的早期心理发展有关。在心理学家看来，一个人从母体出生后，在相当长的时间里不能独立，需要靠父母照顾，在此过程中，幼儿和父母的关系就占有非常重要的地位，幼儿就是在与父母的关系中建立并形成了早期的人格特质。在幼儿成长的过程中，尽管每个幼儿都不可避免地受到父母的批评和指责，但只要感觉到周围还有人爱他们，他们在心理上就不会产生偏差。但如果幼儿长时间遭受父母的责骂，而得不到父母的关爱，他们的心理就会产生偏差，认为自己在父母眼中毫无价值。

更进一步，如果父母对幼儿不公正，就会让他们的是非观念不稳定，产生焦虑和敌对情绪，甚至会出现逃避跟父母情感和身体等方面的接触，进而逃避跟外界其他人的接触。如此一来，就非常容易产生分裂型人格。

事实上，心理学家一直都没有停止对分裂型人格障碍的研究。心理学家认为，治疗分裂型人格障碍的最终目的就是要帮助个体纠正孤独离群性、情感的淡漠以及对外界环境的分离性等。为此，心理学家总结出以下两种方法：

第一种是社交训练法。

这种方法强调的是纠正患者的不合群以及对社交的恐惧。在心理学家看来，这种方法需要按照以下步骤进行：

（1）提高自身的认知能力，要意识到孤独不合群、不愿社交对自身带来的不利影响

当个体意识到不利影响后，会主动投入到心理训练中。同时，个体还要清楚训练的方法、步骤以及注意事项，并积极配合实施。

（2）建立一套完整的社交训练评分记录表

心理学家认为，评分的方式不仅能让患者对治疗效果有明显的数字概念，还能增强他们治疗的信心。在制订评分表后，每天都要做出评价，每周做总结。8～12周为一个疗程。自我评分的标准为：

10分以内　治疗没有效果。

10～20分　稍有效果，个体愿意与别人进行沟通和交往，但接触交谈仍然显得有些刻板，需要加强训练。

20～40分　治疗显现出明显的效果，个体可以主动与别人沟通交流，不合群倾向的改变程度高达50%以上，需要进一步强化治疗效果。

50分　孤独以及不合群现象基本消失，成为普通人。

（3）评分计算以及奖励措施

治疗师要对被治疗的人实施表扬和奖励，对他们每天取得的成绩加以肯定，并给予强化，以此来增强患者的信心。奖励的方式非常必要，可以采用现金、物品等方式进行。同时心理学家提醒，不要因为患者没有进步或者进步甚微便批评患者，这样不仅打击患者的治疗决心，还会让治疗计划搁浅。

（4）严格执行训练内容

对患者进行心理治疗要遵循从简到繁、从易到难的过程。这样不仅可以让患者轻松地完成训练计划，还能提高他们的自信心，从而使整个训练计划得以有序地进行下去。但需要注意的是，患者要严格执行训练的内容，因为训练的内容是经过科学分析的结果，如果没有按照训练内容执行，就很可能达不到训练和治疗的目的。

第二种是兴趣培养法。

在心理学家看来，兴趣是一个人积极探索某种事物而给予优先注意的认知倾向，并在兴趣的指引下，建立与别人的情感交流。具体做法为：

（1）提高认知能力

这就需要个体能够有意识地分析自己，确立自身积极的人生理想和所要实现的目标。心理学家强调，人生是一段充满乐趣的愉悦旅途，而每个人在这段旅途中都应该情趣盎然地欣赏沿途的美丽风景，并寻找无穷无尽的快乐，这样才能让生活充满希望，并摆脱精神上的压力。

（2）多参加社会实践

分裂型人格障碍患者需要创造条件，有意识地通过接触社会、扩大自身的交际圈等，让自身摆脱精神上的压力，在社会实践中实现自身兴趣的多样化。

心理学家相信，以上这些方法对于分裂型人格的诊疗能够带来积极的作用。而那些存在不同程度分裂型人格障碍的人，或许能从中得到启发，进而得以治愈。

第 2 章

梦的预警：梦的心理自愈密码

梦到牙齿或头发脱落的通常是女性，梦到从特别高的地方摔下的也是以女性居多，而男性的梦境则常常出现撞车或坠机。

一般来说，在女性的噩梦中总是有更多悲惨、自我否定和失败的"遭遇"。

女性更容易做失去亲人或丢东西的噩梦，这种噩梦出现的频率要比其他噩梦多，常常会让女性哭着从噩梦中惊醒。

1. 潜意识的镜子：梦的真相

梦是什么？

弗洛伊德在《梦的解析》中称人类的梦是"通往无意识的大道"。梦其实是人在潜意识里的一面"镜子"，梦中的场景和人物对话多是来源于人们的潜意识以及潜意识的判断。弗洛伊德一直认为，人会做梦，其实是人的潜意识愿望的一种满足，梦的公式是：梦=人被压抑的欲望+伪装起来的满足感。也就是说，梦境是用以表达做梦者的某种愿望的，但是这个愿望的满足可能是经过伪装修饰的，所以人们做完梦，往往对梦的内容毫无印象，即使想起来，也不是那么清晰了。

弗洛伊德认为，是人的潜意识中的本能冲动借睡眠时机，趁机以伪装的形式骗过有所松懈的心理检查机制，构成了梦境。但是，愉快的、美好的、幸福的梦是人们内心向往的愿望的达成，那么人又该如何解释那些不愉快的，甚至痛苦的、悲惨的噩梦呢？弗洛伊德给出的答案是，**噩梦实际上是人们愿望满足的"变相改装"**："当人们的一个愿望不能得到满足时，这其实象征着另一愿望会被满足。"也就是说，做梦者对自己的愿望还有所顾忌，于是就通过梦的改装来展示这个愿望。

梦境里，往往是不合乎逻辑、荒诞离奇的虚幻场景，但是它带给人们的体验却是真实的。在梦里，人们会害怕、担心、紧张、开心、愤怒，现实生活中该有的情绪，在梦里一样都不少，但是在梦里，主体时常会变化，有时候自己是主角，有时候却像是局外人，冷眼看着一切。对此，弗洛伊德是这样解释的：这是因为梦的内容是由潜意识决定的，如果有充足的心理能量，有丰富的想象力，人们就可以用自己的智力机能来观察梦的内容，像创作作品一样，为梦境构造出奇谲诡异变幻莫测的景象来。换作一个想象力缺乏的人，他的梦境也一样平淡无奇。

从这一点来看，对于一个需要灵感的创作者来说，梦境就是一个突破传统思维、赋予人灵感的完美平台。德国化学家凯库勒在梦中看到一个蛇样的分子链突然咬住了自己的尾巴，构成了一个环的形状，由此想出了苯环的结构，而玻尔也是受梦境的启示，才发现了原子结构的模型。许多音乐家，比如莫扎特和舒曼，一些作品的灵感也源于他们的梦。通过这些事例也可以发现，梦境往往是人对白天接受的信息的筛选存储以及思考反映，当人们在白天无法理解某事时，就会将其以潜意识的过程输入到自己的脑海里，并将其转化成某件事的灵感和答案。

而荣格则认为，梦其实是自然现象，是人的潜意识在与自我交谈。他还认为，在梦中，如果人的潜意识得到了表现，那么集体潜意识中的各种原始意象也以原始的象征方式显现出来，所以梦也是个人潜意识和集体潜意识的交织，一般来说后者占主导地位。

有些人常常被噩梦困扰，觉得噩梦预示着不幸的事情将要发生。事实上，梦通常只是一种象征，一种情绪的表现手法，只要人们能找到做梦的原始动机，就能对梦做出合理的解释。比如，人们做噩梦，可能是在现实生活中感到了某种威胁，或是惧怕某件事情的发生。有些人在做噩梦后会习惯性地安慰自己："梦里发生的事情全是假的，没什么可担心、害怕的。"实际上，梦境是假的，但情绪却是真实的。

1952年，科幻小说作家阿西莫夫在自己的作品中相当清晰地描述了"太空漫步"的情景，比真正的太空漫步整整早了13年。但是人们并没有因此便认为阿西莫夫具有"预知能力"，这只不过是阿西莫夫凭借想象力进行的"合理推测"。事实上，人一直是具有"前瞻性思考"的生物，如许多人梦见过亲人死亡。一位西班牙的精神科医师，只要一想起在故乡的父亲和他过胖的体重，就会浮现出"他可能死于中风"的想法，而这种"合理的担忧"，就被自己的梦境呈现出来，而这种担心以及梦境的产生也是合情合理的。

除了"前瞻性思考"，人们还应该考虑在梦中的"洞察力"，而这种洞察力其实可分为生理与心理两种。哈费德医师在《梦与梦魇》一书中，就曾经提到一个两者兼而有之的"预知之梦"：有一个病人，总是不断梦见手臂和嘴巴因为麻痹而痉挛，几个月之后，他的梦境居然变成了现实。当时他正在修理损坏的收音机，忽然感到手臂局部麻痹，经过医生的检查，原来他的麻痹现象是一种中毒的并发症，毒素的扩散是隐伏进行的，外表看不出来，但是他的动脉已经受到一定的破坏。

　　令人不解的是，为什么这个病人能在几个月前就在梦中出现中毒的并发症警兆呢？也许这个病人心中已有中毒的隐忧，所以在梦中，那些潜意识里的隐忧就变得活跃起来，成了预示他中毒的先兆。在梦中，人的身体对外在刺激的敏感性减弱，反而对内在器官的刺激更敏感，于是这个病人就在梦里梦见了身体的麻痹。这也就证实了荣格认为的梦可以"唤起我们对身体初期不健康状态的注意"的说法。

2. 接通阴阳：梦要告诉你什么

上面说的例子你觉得玄妙吗？

美国著名临床医学家、心理学家帕特里夏·加菲尔德经过长时间的研究，从生理学角度给梦境的"预警功能"做出了科学的解释。在他看来，如果一个人在短期内总是受到相似梦境的困扰，那么医生就可以判定这个人受到了相关生理疾病的困扰。

加菲尔德在他的研究报告中这样写道："人的大脑在白昼往往需要检阅大量信号，忽略了生理疾病的萌芽，但是晚上入睡后，白天那些微弱的信号却能从梦境当中投射出来。所以，在一定情况下，反复出现的梦境很有可能预示着你已经遭到了某种生理疾病的困扰。比如，一些冠心病患者通常会梦见自己正在被大火追赶，恐惧不已，却又呼喊不出来。这并不是迷信，而是说一个人的机体发生病变之后，这种细微的变化会在入睡之后凸显出来，继而对梦境产生一定程度的限定和改造。"

加菲尔德在海量的事实证据上，总结出了以下论断：

（1）经常梦见杀人，要预防偏头痛

从病理学角度来说，偏头痛的诱因是比较复杂的，疲劳、生气、惊恐、受凉都有可能引起偏头痛。加菲尔德解释说："人在入睡之后，痛感会变得更加明显，原本就不堪重负的神经会变得更加紊乱。在这样的情况下，一个人在梦中杀人就非常常见了。"

（2）梦见头部受伤，要警惕大脑异常

加菲尔德博士给出的实例是，1989年，一名叫卡尔·霍金的中年男子，梦见自己看见了一个身材曼妙的红衣女郎。但是就在两人擦肩而过的时候，女郎突然举起一根木棒，对着他的头部一阵猛击，霍金的头部"血流如注"，他也感到了强烈的痛楚。

让人意想不到的是，被噩梦惊醒的霍金随后去医院体检的时候，被告知患上了"脑动脉瘤"！对于他的噩梦，生理学专家给出的解释是，脑部肿瘤压迫了附近的神经元，破坏了正常的脑动脉供血，人的梦境很有可能受到干扰，所以在梦中

出现"头部受伤""疼痛难忍"的概率还是比较大的。

（3）梦见车祸，预示着你的眼睛可能出现了病变

加菲尔德举例说："一个叫泰勒的中学教师梦见自己在一阵浓雾中驱车而行，结果一辆大卡车从雾里冲出，直接将她驾驶的那辆轿车撞毁。从噩梦中惊醒的泰勒女士随后在一次体检当中，发现自己患上了急性结膜炎……"

加菲尔德认为，眼部周围的皮肤很薄，神经和血管都很多，眼部发生病变的时候，密集的神经就会将这个信号源源不断地反射到大脑当中。所以，以"车祸"为主题的梦境，很有可能与一个人的眼部疾病有关。

（4）梦见飞禽走兽，要注意脖子

一名英国妇女总是梦见自己进了动物园，然后被各种动物围住，怎么赶也赶不走。对于这种梦境，加菲尔德的建议是检查甲状腺，在他的备案中，很多甲亢患者都有过类似的梦境。

（5）梦到持续不断的钟声，要注意耳部健康

一些患有耳部疾病的人会在睡梦中听见绵延不绝的钟声，如果长期得不到改善的话，这个人就很有可能患上更严重的耳部疾病，甚至会造成耳聋。

（6）梦见被斩首或者脖子受到打击，要注意颈椎疾病

通常情况下，颈部长期受到压抑，那么它有可能将这种

"惯性"带入梦境。所以，当一个人屡屡梦见脖子受到打击、被人斩断，这就预示着他的颈椎很可能已经不堪重负了。

（7）梦见身临沼泽或者水潭，意味着肾脏出现了问题

从医学角度来分析，肾虚水肿的时候，下半身的湿气很重，这种感觉在入睡后会更加明显，于是很容易梦见自己被水包围。

（8）梦见被人扼住咽喉或者眼看就要窒息，需要检查扁桃体

加菲尔德解释说，扁桃体发炎，跟"咽喉被人扼住"或者是"窒息"的感觉非常接近。

（9）梦见负重或者登山，需要检查自己的肺

负重和登山往往会让人感到供气不足，这正好是肺病的症状。加菲尔德建议，如果梦见自己正在做一件非常劳累的事情，而且呼吸急促，大脑供氧量下降，要检查自己的肺部，看看是不是患了肺部疾病。

（10）做了"高飞"或者"生气"的梦，要注意自己是不是患上了高血压

加菲尔德的解释是，人在远离地面或者是生气的时候，脑部压力会骤然增大，这实际上是血压偏高的结果。

再比如，梦见吃饭有可能预示着胃部出现了问题，梦见喷

第2章　梦的预警：梦的心理自愈密码

027

泉则暗示泌尿系统出现了障碍，梦见眼花缭乱的花丛，则是肝虚的反应。

当然，加菲尔德也表示，梦境和疾病之间并不绝对相等，他所罗列的指代关系更多的是"经验之谈"。比如在梦中看见自己被小动物包围，不必悲观地认定自己患上了甲状腺肿瘤。加菲尔德的观点是，只有持续受到类似困扰，才有必要质疑自己的健康，并向医生寻求帮助。

3. 心理学版"周公解梦"——梦是疾病的传话人

有一名年轻的学生，已经连着好几天都重复同一个梦境了：他被一条大蟒蛇死死地缠住，全身不能动弹。不久，这个年轻学生便病倒了，一年以后，这位年轻人椎骨部位长了一个恶性赘瘤，几乎全身瘫痪。

无独有偶，有一个妇人常常梦见自己被活活埋在泥土里，呼吸十分困难。两个月后，医生终于确诊她患上了结核病。

中国史书中曾经记载过一个关于梦的故事：

晋景公在梦里被两个蓬头垢面的大鬼用大棒敲击，口吐鲜血，一下子就倒在了地上。醒来之后，晋景公十分恐惧，很快就生了一场大病，召来了巫师为自己解梦。这位巫师经过一番认真的占卜，得出的结论是，晋景公生病是因为之前被他杀死的两个人的鬼魂作祟。晋景公听罢沉默不语，思考良久问道："能不能用祈祷的方式来消灾？"巫师回答："祈祷的方式恐怕是没有用处的。"晋景公又问巫师："那么，您觉得我能活到什么时候呢？"巫师沉默了一会儿，对晋景公说："主公恐怕尝不到今年新收的麦子了。"

这时，晋景公身边一个叫屠岸贾的大臣非常愤怒，对巫师喝道："如今离麦子成熟还有不到一个月的时间，主公虽然重病在身，精神却非常好，怎么可能只活这么短的时间？主公吃到了新麦子那天，就是你的死罪之期！"说完，就将那巫师呵斥出去了。

过了没多久，新麦开镰，晋景公暗想："巫师如此诅咒我，说我活不过新麦开镰，现在我非要吃新麦给他看看不可。"于是，晋景公命令厨师用新麦做了饭食，还召见了那个为自己占卜的巫师，打算先吃新麦再杀了巫师。但是，晋景公还没来得及等新麦做成饭食，便觉得胸口憋闷，腹部疼痛难忍，四肢大汗。下人刚刚将其扶进厕所，晋景公便昏倒在地，一命呜呼了。

这个故事是通过人的梦境预知健康的最早书面记录，虽然带有强烈的迷信色彩，但还是有一定的中医根据的。**其实，在中医理论里，能够预兆人体病变的梦被称为"梦证"，有一套完整详细的理论。**

西医也认为疾病可使人产生某些特别的梦，梦就好像一台健康测试仪，会对身体的一些变化产生一定的反应。经过大量的观察分析，他们总结出以下梦与疾病的对应关系：

（1）频繁梦见自己走路不稳、身体扭曲、肢体沉重，并伴有窒息感，时常半夜惊醒，这很可能是心绞痛的前兆。

（2）经常在睡梦中听到巨声、怪响，很可能是听觉中枢发生病变，或是附近的血管出现硬化，总之就是听觉系统出现了病变。

（3）经常梦到自己被殴打，醒来后感觉在梦中被击打的部位非常疼痛，这可能是潜意识在预示着对应的脏器出现病变。比如，梦到有人或者怪物在敲打你的头，或是向你的五官灌注某种液体，这很有可能是患上了脑部肿瘤或神经系统方面的疾病。

（4）经常梦到脖子被人掐住，有强烈的窒息感，这有可能是呼吸系统出了问题，患上了流行性感冒或者慢性呼吸道疾病，如慢性鼻炎。

（5）常常在梦里被坏人或怪物追逐，非常恐惧，却总是无法呼救，想逃跑却怎样都跑不动，惊醒后仍然心有余悸，不停地出汗，心跳加快，这很可能是心脏冠状动脉供血不足导致的。

（6）经常梦到自己从高处坠落，又总是落不到地上，这时就要好好注意一下心脏的健康了，这通常是冠心病初期的征兆。

（7）梦见自己能够腾空飞行或是在大火中被烧，又同时与怪兽进行搏斗，然后不停地呼号奔跑，这预示着做梦者可能会在两三天内发高烧。

（8）频繁地梦到有水的场景，比如自己不幸身处沼泽之中，或是在游泳时意外溺水，这预示着肝胆系统或肾脏可能出现了问题。

你以为只有这些吗？其实远远不止，我们继续往下看：

有些肝炎病人发病前几天总是出现焦躁、恐惧的梦境，有的病人则在梦中感到右肋出现损伤。

有些得了黄疸的病人，会在消化系统紊乱症状产生前一个月持续出现与饮水进食相关的梦境。

患有神经衰弱症的病人，总是失眠多梦，他们的梦境里常常出现让自己不愉快的内容。

患上心脏病的人，有些会常常梦见被他人用拳头打击胸部，醒来后感到胸口憋闷。

脑中风的人，发病前可能常常梦见手麻痹。

……

4. 噩梦更钟情女人

西英格兰大学的研究人员用了整整五年时间，跟踪调查了包括100名女性和93名男性在内的193名志愿者，请求志愿者如实记下所做的梦。最终的调查结果显示，19%的男性近期做过噩梦，而做噩梦的女性比例则高达30%。

参与调查的心理学讲师珍妮弗·帕克总结道："从这次的调查结果来看，男性与女性在做噩梦的频率上有十分明显的差异，相比男性，女性做噩梦更多，并且对噩梦的感觉更为强烈。"

她继续分析说："之所以有这样的结果，是因为在现实生活中，女性比男性更容易把日常生活中的焦虑、烦闷等不良情绪带入睡梦中。女性的梦其实是她们与现实对抗的一种强烈的潜意识。"

与男性相比，女性更难治愈自己的焦虑及不良情绪。这次跟踪调查的结果显示，人们经常做的噩梦基本上可以分为三种：第一种是被人或不知名的怪物追赶，或是自己的生命受到了威胁；第二种是失去了所爱的亲人、朋友或是心爱的东西；第三种就是独自置身于一个完全陌生的环境之中。

还有一些有趣的现象和结论可以跟大家分享：

（1）一般来说，在女性的噩梦中总是有更多悲惨、自我否定和失败的"遭遇"；

（2）女性做噩梦容易梦到家人和房间里发生的事情，她们的梦境往往不会像男性那样有一定的攻击性；

（3）女性更容易做失去亲人或丢东西的噩梦，这种噩梦出现的频率要比其他噩梦多，常常会让女性哭着从噩梦中惊醒；

（4）女性在月经前容易做噩梦或比较"激烈"的梦，而且更容易记住这些梦；

（5）梦到牙齿或头发脱落的通常是女性，梦到从特别高的地方摔下的也是以女性居多，而男性的梦境则常常出现撞车或坠机；

（6）梦到身体瘫痪和考试不及格，男女比例是差不多的。

心理学家迈克尔·施莱德尔对梦境的含义是这样解释的："梦到牙齿或头发脱落，通常表示做梦的人担心自己会随着年龄增长而容颜衰老，感到焦虑，传达给了自己的梦境。梦见从高处摔下，通常是做梦的人坠入了爱河或者刚刚结束了一段恋情。做梦的人与伴侣纠缠不清无法摆脱时，就可能会做忽然瘫痪的梦。做梦的人对生活失去控制能力，就可能在梦境中撞车或坠机。梦到考试不及格，或许是做梦的人缺乏自信心。"

梦境研究人员达维娜·麦凯尔认为，工作和生活压力更容易引发噩梦，因为人们醒来时可以忍受这种压力，但在睡梦中身体会放松，自然流露出真实情绪。相对来说，习惯负面思考的人，容易紧张、压抑、悲观的人，会比心态良好的人更容易做噩梦。

很多人都认为做噩梦是对人有害的，但从心理学角度来说，不管是美梦还是噩梦，都能帮助人们更清楚地认识自己，察觉到在现实生活中被忽略或压抑的真实情感。噩梦其实就是人们在白天的焦虑、恐惧、害羞、内疚等情绪在夜间的释放，这种释放在一定程度上能够起到帮助人们调节不良情绪的作用。荣格就认为："梦其实有重要的心理补偿调节作用，是一个内在的自我平衡系统。"

噩梦，让本来就生活压力大的当代人神经变得更加紧绷。调查显示，有47.4%的人表示噩梦影响了自己的睡眠质量；有13.6%的人称噩梦加重了心理负担，自己变得更加焦虑、抑郁；有4.9%的人更为严重，他们甚至因此不能集中精力工作和生活，需要接受治疗；仅有24.7%的人表示"噩梦对自己没有造成什么影响"。

那么，人们应该如何远离噩梦的侵扰？

事实上，梦境是反映人们白天情绪的一面"镜子"。比如，临近考试时，有许多学生就会经常梦见自己交了白卷或者考试不及格。解决这种噩梦，最有效的方法就是把心态调节好，抓紧时间认真复习，尽量往好的方面想，用好心态以及充足的准备抑制负面情绪的产生。

下面三个方法，可以让你尽量摆脱噩梦的侵袭困扰：

（1）养成良好的睡眠习惯，尽量在11点之前睡觉，不熬夜

在睡前两小时不做剧烈运动，不看刺激性的书籍或影视作品，尽量多听轻柔的音乐，多看轻松的书籍。在睡前洗个温水澡，泡泡脚，都能缓解紧张压抑的情绪。

（2）少吃辛辣食物和高脂肪食物，不过度饮酒

发表在《国际精神生理学》杂志上的一篇文章对梦做了另一个解释：辛辣食物能提高体温，在睡前吃辛辣食物会扰乱睡眠质量，导致做噩梦。在《心理学报告》上的研究报告也显示，白天吃的高脂肪食物越多，睡眠质量越差。此外，过度饮酒有可能导致做噩梦。

（3）把噩梦记下来

每次做噩梦之后将自己的梦境写下来或者画出来，能够帮助人们认清自己的精神状态，一旦找到噩梦的情绪源头，就能"对症下药"。需要注意的是，记录梦境的时候一定要注意梦的情节和做梦时的情绪，这样才能对其加以控制和解决。

第3章

色彩疗法：在色彩冥想中自由呼吸

基于橙色的这种特殊功效，可以发现，喜爱橙色的人一般都比较有活力、乐观、积极向上，看上去总是精力充沛、开朗活泼。

很多人在求职中都曾做过这样一道选择题，面试官会模拟一个大雨倾盆的场景，给出各种不同颜色的雨伞让求职者选择。因为雨伞遮风避雨的重要功用，在心理学上它被赋予男孩和父亲的象征，而不同颜色的雨伞则代表不同的性格。面试官正是想通过应聘者的不同选择判定他们的性格。

1. "心理色"——色彩的能量奥秘

　　著名心理学家弗雷德里克·赫茨伯格曾提出这样一个理论：色彩会对人们的情绪产生很大的影响，而且色彩的影响力已经渗透到生活的方方面面，几乎贯穿人们的衣食住行，因此在日常生活和工作中一定要注意对色彩的选用，这样才不会由于对色彩的不经意选择让自己无形之中受到伤害。

　　赫茨伯格和他的助手做了一个实验：赫茨伯格随机在大街上选取了50多人，将这些人分成四组（每组10多人），分别命名为A组、B组、C组和D组。之后，赫茨伯格让这四组人分别参加了他的助手特意举办的宴会。宴会的食谱以及他们遇到的宾客都是相同的，但有一点不同，那就是宴会背景的颜色。A组人参加的宴会的背景是红色的，B组人是蓝色的，C组人是绿色的，D组人是黄色的。结果如下：

在红色的宴会背景下，A组人心情愉悦，他们开心地与宾客交谈，品尝美味的食物。但到了宴会后期，A组中的一些人由于情绪高涨，无法控制，和一些宾客发生了激烈的争执，使得宴会不欢而散。

而在蓝色的宴会背景下，B组人在整个宴会中都彬彬有礼，言谈举止十分到位，即使有些宾客开一些无伤大雅的玩笑，B组人也能从容冷静面对，巧妙化解尴尬氛围。

在绿色的宴会背景下，C组人明显有些郁郁寡欢，不善言辞，美味的食物也提不起丝毫兴趣，当宾客主动与C组人交谈时，他们也显得比较消沉。

在黄色的宴会背景下，D组人和A组人十分相似，开始时也和宾客相谈甚欢，相互敬酒，品尝美味的食物，而到了后期，D组中的某些人则与宾客产生了争执，他们据理力争，毫不退让，使宴会陷入了尴尬的氛围。

我们再来看一个例子：

心理学家海因茨·黑克豪森曾经做过这样一组实验：他让20名孩子看一组愉快的和悲伤的图片，并让其涂上颜色。结果，有16名孩子都用橙色、红色、绿色、蓝色为欢快的图片涂上了色彩，而选择用黑色、灰色、白色为悲伤的图片涂上色彩。

据统计，有三分之二的孩子对红色特别敏感和喜欢，而对那些黑、灰冷色调不屑一顾。在西方国家，有一半以上的人对蓝色情有独钟，老年人则偏爱冷色，而最不喜欢的颜色是黄色。

那么，颜色究竟暗藏着什么秘密，让人们产生不同的喜爱程度呢？

在心理学中，红色被定义为生命的颜色，它蕴藏着生机，在某些场合能够给人能量，激发人的斗志。而这些特点多用来形容年轻人，因此具有这些特点的年轻人都会被认为是"血气方刚"。红色还象征着浓浓的爱情，这也是为什么在西方每当2月14日男士会送给女士玫瑰花的原因了。

在西方，红色还代表着火星，代表着罗马战神，古希腊习惯穿上红色的长袍来象征战争的惨烈。另外，红色是基督教信奉的颜色，一些基督徒在殉职的时候，就选择穿上红衣服，以表示对基督教的忠心。

在中国，红色象征着吉祥、如意。传统婚礼现场，新娘在敬酒的时候，都要穿上红色的衣服，家里也要贴上红"喜"字，象征着红红火火。每逢春节，家家户户都会贴上红色的对联，为新的一年开一个好头。

橙色代表着激情、乐观，它是红色与黄色的综合体，是欢快活泼的色彩，也是整个暖色调中最为耀眼的。**在心理学中，橙色代表温暖、繁荣和对生命的爱，是一种正能量，很容易使人产生新奇的构思和想法，充满智慧和力量。**

但是，橙色也有一些消极因素，例如很容易自我放纵，自我满足。橙色的透明度高，所以经常会被用到一些安全场所，有警戒的含义。例如，在公路、铁路可以看到橙色的标志。

　　在早期基督教的教堂里，主色调就是橙色，因为在当时欧洲人的眼中，橙子是大地的果实。平安夜这天，女孩收到男孩送的苹果后，多数都会回赠一个橙子，这寓意着男孩能够在学习和事业上有所成就。

　　黄色本身具有温暖、欢快的寓意，但是相对于红色与橙色，黄色就不那么幸运了。很多时候，黄色有不祥的寓意，特别是在中世纪的欧洲，在一些演出中，那些饰演坏人的演员总是习惯穿上黄色衣服。而黄色这个单词，在英语中有"胆小鬼"的意思，当遇到一些懦弱的人，大家就会开玩笑地说"yellow"（黄色）这个词语。在纳粹党统治下的德国，犹太人佩戴的就是黄色的袖标。

　　但在封建时期的中国，有"以黄为贵"的说法，黄色很受大家的喜欢，特别是统治阶级。从宋朝以后，明黄色就是皇帝的专属颜色，从皇帝的宫殿到一些小的阁楼，都可以看到黄色的身影。黄色是皇帝御用颜色，普通老百姓是无权享用这个色彩的，否则会招致杀身之祸。而且黄色是黄金的颜色，象征着财富。然而，在西方国家的影响下，黄色现在逐渐成了低俗、庸俗这些事物的专有名词，提到黄色，都被人们认为是不堪入目的事物，也因此受到人们的排斥。

绿色代表着生长，形容那些没有经验或者是资历不深的人，常用的词就是"青涩"。而青苹果也多代表初恋，也就是那些不成熟的感情。从色彩的角度看，绿色很容易与大自然产生紧密的联系，很容易给人清新、淡雅的感觉。春天，当看到树上长出新嫩芽的时候，人们就会萌发新生的欲望。在西方国家的股票市场，绿色代表上升股，也代表安全，所以他们把绿色视为吉祥颜色之一。

在世界各国人中，只有日本人不喜欢绿色，原因是"绿色"的发音与"中间"的发音非常接近，日本人很排斥中间，因此也不喜欢绿色。

对于生活而言，绿色代表希望、青春、朝气蓬勃，人们赋予绿色更多美好的意象，似乎只要与绿色相关，人们就会对其产生美好的希望，例如：绿色革命、绿色文学、绿色环保。绿色代表健康和安全，一些绿色蔬菜和水果非常受欢迎，这种绿色蔬菜和水果不含农药，是最高标准的食品。

白色，在心理学中被认为是一种保护色。它既不属于暖色调，也不属于冷色调，却象征着纯洁。最具有代表意义的白色就是"和平鸽"，白色能给人们带来安稳的情绪，使人们宽恕不重要的事物。**在西方国家，有"白色谎言"的说法。它是指那些善意的谎言，这样的谎言不会伤害到他人的情感。**

白色被西方人认为是光的代表，如果一些基督教徒穿着白衣，说明他们刚刚受过洗礼，此刻，他们重新获得了生命。也正是因为这样的寓意，所以在西方的婚礼上，新娘习惯穿白色婚纱，在教堂里宣读誓言，从此同甘苦共患难。在世界各国的建筑中，因白色而闻名的当属美国白宫，之所以要将这座建筑物的色调定为白色，是为了与古希腊之前的色调保持一致。

在中国，白色与死亡相连。在民间，人们经常提到的一个词语就是"红白事"，其中，红代表结婚，而白则寓意着死亡。在葬礼上，所有的色彩都是以白色为主，这代表对于逝者的哀悼之情。

英语中的"蓝色"这个词语直接来源于法语。**在心理学中，蓝色一直被人认为是博大的色彩，是大海和天空的颜色，象征永久。但是，蓝色也寓意着忧郁，人们经常会说自己的心情是蓝色的，其实是说这个人的心情很忧郁。**

在商务谈判中，蓝色是人们偏爱的颜色，从心理学的角度看，蓝色可以带给人们信心。研究表明，蓝色有一定的镇定效果，当一个人的心情不能平静的时候，看一些蓝色事物可以使心情得到放松。所以，只要仔细观察，你就会发现医院的窗帘、床单等大多为蓝色。

紫色，在古罗马是皇室贵族专用的颜色，代表优雅、高贵。对于基督徒来说，他们会在复活节的前几天用到紫色，因为紫色代表耶稣受难，并且在那天，耶稣衣服的颜色就是紫色。所以，紫色对于基督徒来说，有非常重要的意义。

在非洲的一些国家，新出生的婴儿都要用紫色的布包裹。

在非洲人心中，紫色能够给孩子带来声望和财富。

在美国，授予战士的勋章被称为紫色勋章。之所以是紫色，是因为紫色能够体现死者对于国家和人民的贡献。

在中国传统文化中，紫色被认为是最尊贵的颜色之一。"紫气东来"，就是看到紫气从东方而来，就知道即将有圣人来到，是吉祥、好运的征兆。

2. 粉红色：化解戾气，来自母体的颜色

1991年，海湾战争结束后，战士们纷纷返回故乡。战争虽然结束了，但战争后遗症却久久不能消退，苏尼尔·沙利文中尉就是其中之一。在战争中，沙利文的运气糟透了，他原本只是负责后勤的二线人员，与敌人面对面的机会寥寥无几。但就在他唯一一次和敌人正面交锋中，一枚燃烧弹在他身后爆炸了，幸好战友将他救走，但是沙利文的后背却被毁掉了。做完植皮手术，沙利文的背上多了一块大约50平方厘米的伤疤。更严重的是，他左半边脸也被烧伤了，虽然做了修复手术，但如果仔细看，还是能看得出来。

因此，沙利文提前退役了，他回家后就将自己关在狭小的卧室里，连续不断地玩各种电脑格斗游戏。对于他的这种状

况，沙利文的父母非常担忧，他们请了很多心理学专家开导儿子，都没有太大的作用，沙利文依然一天天堕落下去，脾气也变得越来越暴躁了。

两年之后，一名叫简森·拉米尔的落魄学者路过了沙利文家，受到了老沙利文夫妇的邀请，在这里住了一晚。当天晚上，老沙利文夫妇将儿子的情况告诉了这个面相和气的游学者，希望能够从他那里得到一些帮助。对此，拉米尔表示他会暂停自己的游学计划，帮助沙利文走出困境。

接下来的一个星期里，拉米尔一直想方设法跟沙利文进行交流。但是很显然，在过去的两年多里，沙利文跟他的父母也很少说话，近一年来更是一言不发，对一个陌生人，沙利文更是不会去正眼瞧一瞧的。

"初步判断他是患上了抑郁症，这种疾病拖得越长，越不好治疗。"拉米尔说，"现在我也说不清他是不是已经陷得很深，但直觉告诉我这一切都不会太难的。"

"好的，我们都相信你，请问你现在需要些什么？看在上帝的分儿上，请少收一点儿诊金吧……"

拉米尔打断了老沙利文的话，直接告诉对方："我知道你们在过去两年里已经把钱花光了，现在我只收取你们一美元的诊费……好了，我的意思是，改变一个人不是一件容易的事，我们需要慢慢来。现在你们把这栋屋子重新粉刷一下，最好用粉红色，如果没有粉色，用绿色也可以。然后，再在沙利文的那间屋子里开一扇窗户。"

"在他的屋子里开窗户？他会发火的。"

"不用担心，"拉米尔说，"我会有办法的。"

按照拉米尔的计划，老沙利文夫妇先是将墙壁粉刷了一遍，整栋房屋显得温馨多了。随后，拉米尔偷偷从沙利文的电脑当中抽走了一个芯片，结果沙利文的电脑马上就歇工了。

听到沙利文在屋子里摔打东西，拉米尔趁机说自己学过电脑技术，可以帮助他修好这台老式电脑。拉米尔故意将修电脑的时间拖得很长，一会儿说这个师傅不在家，一会儿说那个供货商没有将需要的器材购置到位。这样拖拖拉拉过去了十多天时间，老沙利文也说服了儿子，在他卧室的墙上开了一扇窗，透过窗户，可以看见窗外一行翠绿的大树。

就这样，半个月之后，拉米尔终于将沙利文的电脑"修好"了。但是这个时候沙利文的精神已经明显好了很多，他开始在屋子里走动，有时还会静静地望着窗外，而不再沉迷于暴力游戏。看到沙利文好转之后，拉米尔告别了这里，继续踏上了游学征程。

九个月之后，拉米尔再次路过了沙利文的家，却再也找不到这一家人了，只有一栋被大火烧得黑漆漆的房屋还呆呆地矗立在这里。

原来，拉米尔离开后的第六个月，老沙利文觉得儿子已经完全康复了，于是就和妻子张罗儿子的婚事。这个时候，粉色的房屋看上去未免太过幼稚，于是他们又将这间房子粉刷了一遍，让它变成了理性、普通的浅灰色。

正是由于房屋颜色的改变，给沙利文造成了巨大的心理创伤。他从外面回来看见房屋变了样，马上将自己重新关进了"密室"。这样的生活状态是很难找到女朋友的，沙利文连续三次求偶失败后，完全消沉了下去。

终于，沙利文彻底绝望了。在一次噩梦中醒来后，他鬼使神差地点了一把火，一家三口从此长眠不起。由于人们早就知道沙利文"精神不正常"，当地警方将这个案子当作意外事故处理了。

对于沙利文一家的惨剧，拉米尔感到非常痛心疾首。他多方搜集资料，将这些信息完整地记录备案，寄给了自己此前拜访过的心理学大师艾伯特·班杜拉。很显然，在研究人类心理世界这一点上，拉米尔和班杜拉还是有很多相似之处的。

看完沙利文的故事，班杜拉表达了这样一个观点："越来越多的人开始将色彩和疾病治疗联系起来，这当然是非常正确的，因为不同的颜色会带给人不同的感官刺激，最后形成不同的心理暗示，为疾病的治愈带来不同的影响。"

在造成沙利文情绪失控这件事上，拉米尔和班杜拉形成了"统一战线"，班杜拉甚至更加坚定地评价了这次悲剧的缘由："恋爱失败只是沙利文抑郁堕落的催化剂，房屋色彩的改变，才是造成他心绪大变的直接原因。"

为了进一步阐明自己的观点，班杜拉从人的幼儿期开始分析。

"粉红色为什么会化解一个人身上的戾气，起到镇定、安抚的作用呢？我们可以将事件推回去，甚至可以回溯到一

个人的胚胎时期。要知道母体的颜色就是粉红色，幼儿出生后观察世界的时候，粉红色就是他们眼中最具吸引力的颜色。"

在众多色彩当中，粉红色是最能激发一个人童年记忆的颜色。当一个人的视野中出现粉红色时，他就会在潜意识中把对方定义成安全、温馨的。所以，很多时候，只要一看见粉红色，人们内心中接受他人、想要与他人打成一片的意愿就非常明显了。

具体到沙利文身上，受到粉红色的暗示后，他在潜意识当中就逐渐形成了和谐、温馨的意象，当他将这种心理状态反映到实际行动上，就表现为他尝试着与外界进行沟通。

因此，利用颜色来帮助病人解除病痛，已经成为众多医师的拿手好戏。英国著名色彩专家奥格博士在著作中做了大致的分类：**白色带给人纯洁无瑕的心理暗示，它可以帮助人们治疗高血压；紫色能够帮助人们强化记忆，在安抚孕妇上也有非常显著的作用；黄色可以刺激人的血液循环，加速人体唾液的分泌，甚至激发人的运动欲望；棕色能够刺激人体细胞再生，这对于一个人手术过后有非常不错的影响。**而对于上面案例当中的主角——"粉色"，奥格博士的解答是："粉色会影响一个人的大脑，它可以帮助人体减少肾上腺激素的分泌，最后起到放松身心的目的。"

当然，这并不是说只要欣赏了一些五颜六色的色块，人的身体就会变得越来越健康。实际上，这些颜色在帮助人们放松大脑、静心提神的同时，也会对人体造成一定程度的负面影响。奥格博士举例说道："患有增生类疾病的人群，最好不要长期处于棕色的包围之中，这很有可能使病情恶化。而让一个脾气暴躁的人一直都处于红色环境，这个人的情绪会变得亢奋，做出一些稀奇古怪的事情也就再正常不过了。"

3．橙色：最接近美好、最类似爱情的颜色

色彩是通过人的感官传达到大脑，进而在心理上产生感受作用于人体的。橙色被色彩专家称为"色彩中最接近美好、最类似爱情的颜色"，是因为橙色不像红色那样热闹而炫目，也不像蓝色那样凄冷而寂寞，橙色是对人的生理和心理都极为有益的颜色。

暖暖的、令人幸福而沉醉的橙色可以让人想起鲜嫩多汁的西西里柠檬，或者想起一个睡眼惺忪的秋日早晨。身处橙色的世界，内心会自然而然充满温暖和幸福的感觉——它能让人们远离孤单、寂寞、悲伤等一切令人心情抑郁的感觉，让人们永远不受抑郁的困扰。

在一个实验中，实验者们先是置身于橙色墙壁的11℃的房

间中，结果没人因为气温低感觉到寒冷，实验者因为触目所及都是橙色，觉得周围的一切都变得友好而善良，人和人之间相处得融洽又温馨。而心理上的温暖和舒适作用于他们的身体，让他们自然地抵御寒冷而觉得温暖。

但将同样一批人放在青灰色墙面的15℃的房间里，温度明明有所提升，但实验者们却因为环境颜色的改变感到寒冷、凄清，甚至瑟瑟发抖，这时，他们还会因为心理上的不适而变得冷漠、不友善。若长期身处这样的环境，接受这样的心理暗示，就会变得郁郁寡欢，大脑皮层的兴奋点就会完全被抑郁的情绪控制，胃口也会因此变差，对什么事情都提不起兴致，进而新陈代谢缓慢，身体素质急剧下降，这就是所谓的"积郁成疾"。

陈慧琳的歌曲《闪亮每一天》中有这样的歌词："橙色是结果，接近阳光的照射……绿色是辽阔，春天里的一种假设。"橙色代表阳光的颜色，代表大自然的力量、智慧、光辉和能力，所以橙色也被人们奉为神圣的颜色。太阳是大自然万物生长的重要依靠，它不仅可以给人们带来温暖和光明，还代表人类最初的快乐。对于抑郁症患者而言，象征太阳的橙色无疑是最能令他们摆脱抑郁、拥抱快乐的颜色。

橙色的光线可以让大脑中的松果腺分泌一种脑部激素，这种激素的一大作用就是可以预防忧郁，如果松果体褪黑激素分泌不足的话，就有可能引起抑郁。所以，要想摆脱抑郁情绪，就该多让自己置身于橙色的环境中，可以将自己的房间装点成橙色，也可以多选择橙色的食物。如果感觉到自己正被抑郁的心情包围，不妨挑选一套靓丽的橙色衣服，这会让你顿时感觉到活力。若长期身处这样的环境，还能促进生长激素的分泌，而长期穿着橙色的衣服还有可能促进身高的增长，振作精神。

这些年来，大众的生活工作压力不断攀升，人们不再有那么多空闲时间来亲近大自然，每到冬季，整日面对生硬的现代建筑和钢筋混凝土，更是难得一见明媚的阳光和秋日里温暖、快乐的橙色，医院里满是深受抑郁情绪困扰的病人，他们无一例外都是情绪低落，没精打采，对周围的一切兴致缺乏，整日萎靡不振，心情烦躁，只好用长时间的睡眠或暴饮暴食来发泄，可发泄过后只觉得更加空虚、无聊。他们受低落的心情影响，变得无力、懒惰，身体机能下降，得了"冬季抑郁症"。

色彩疗法如今在欧美非常流行，英国就有600位经过特殊训练的色彩治疗师。专家们认为：未来社会人们需要的药物将不再是传统的药材或者医疗器械，而是颜色、声音、光线的结合。

古印度健康理论的色彩疗法认为，每种颜色都有自己特殊的能量，通过人体感官的吸收，会引起人们的心理变化，进而影响身体健康。

基于橙色的这种特殊功效，可以发现，喜爱橙色的人一般都比较有活力，乐观，积极向上，看上去总是精力充沛、开朗活泼。若给他们机会在众人面前讲话，他们会竭尽所能让整个场面热烈起来，而他们也总是能做到。一般喜欢橙色的人都比较热爱大自然，渴望与大自然融为一体，爱好户外运动，所以，喜欢橙色的人也必然不用担心受到抑郁情绪的困扰。

很多人在求职中都曾做过这样一道选择题，面试官会模拟一个大雨倾盆的场景，给出各种不同颜色的雨伞让求职者选择。因为雨伞遮风避雨的重要功用，在心理学上它被赋予男孩和父亲的象征，而不同颜色的雨伞则代表不同的性格。面试官正是想通过应聘者的不同选择判定他们的性格。

针对这个测试，最好的选择无疑是橙色。因为橙色代表阳光型的性格，它是阳光的色彩，既没有红色那样炫目、刺眼，也没有黑色那样沉郁、肃穆，而是充满了温暖和随和的味道。拥有这种特质的人不用担心自己太过锐利，爱出风头，好大喜功，更重要的是不需要担心因为一点点的挫折就郁郁寡欢，失去进取心，被自己的抑郁情绪打败。和这样的人在一起工作，能时刻感受到阳光的温暖，拥有愉快的心情。

橙色是快乐、活泼的光辉色彩，是照亮阴暗抑郁情绪的温暖阳光，人们看到它便能联想到硕果累累的金秋，感受到满满的快乐和幸福，将心中失落、低沉的情绪一扫而光。

如果你发现自己正笼罩在沉郁、失落、无力的抑郁情绪中，不妨充分调动起橙色的神奇功效。比如，可以给自己换上一身明快的橙色衣服，化一个橙色的妆，而刚好在秋天的话就再好不过了——身处抑郁情绪无法自拔的你无论是勉强学习还是工作，必然都不会有好的状态，在这种情况下，不如给自己一个机会去亲近大自然，让橙色的秋天感染自己，让快乐的橙色扫除心中抑郁的阴霾。若没有这么凑巧刚好时值金秋也没关系，可以动手将房间或者办公桌装饰成橙色世界，用一些橙色的饰品装点自己苍白、灰暗的心境，让自己从此喜欢上健康、快乐的橙色，远离抑郁的困扰。

4. 蓝色：帮你入眠的颜色

一天，詹姆斯·麦基恩·卡特尔的心理咨询室来了一位形容枯槁、精神不振的中年女子。这名女子名叫玛丽，是一家公司的经理，最近她的上司被调走了，来了一位比较挑剔、凡事要求完美的上司。这位新上司对于玛丽的工作十分不满，即使玛丽十分认真地完成任务，新上司也总能挑出一些或大或小的毛病，这让玛丽产生了很大的压力。渐渐地，玛丽开始失眠，整晚睡不着觉，于是，她去医院开了一些安眠药。开始，在安眠药的作用下，玛丽的失眠症状有些好转，可是只要有一点儿声响，她就会被惊醒，再也睡不着了。渐渐地，即使按照医嘱服用安眠药，她也很难进入睡眠状态了。更糟糕的是，由于睡眠不好，玛丽的注意力和记忆力明显下降，这样一来，她对于新上司交代的任务更加力不从心了。与此同时，玛丽也变得很容易紧张，甚至产生恐惧情绪，不管是面对苛刻的新上司，还是面对自己的床，玛丽都变得极为敏感，很容易产生厌烦情绪。

对于自己的这种状态，玛丽很是担忧，于是她接连去了很多家医院请求帮助，可是效果都不太理想。无奈之下，玛丽听从了一个朋友的建议，来到了卡特尔的心理咨询室。

卡特尔听完玛丽的叙述，并没有急着为玛丽进行心理治疗，而是先问了她几个问题。比如，她的卧室是什么颜色的，卧室中都有些什么装饰，等等。当卡特尔了解到玛丽酷爱红色，把整个卧室都装修成红色后，他对玛丽说："新上司的挑剔只是你情绪失控的催化剂，你卧室的颜色才是导致你情绪失控的最直接因素。"卡特尔建议玛丽将卧室重新装修，改成蓝色。不仅如此，卡特尔还建议玛丽将床铺、窗帘等红颜色的东西都换成蓝色的，因为红色虽然象征着活力、能量等，但它却很容易让人产生愤怒、紧张、激动等情绪。而卧室本是人们休息的场所，是让人放松的地方，人们长期处于红色的环境中，很容易变得情绪激动、兴奋，这样一来，自然很难入睡。而蓝色可以让人们紧张的情绪平静下来，给紧张的情绪降降温。当处于蓝色的环境中时，人们就能变得冷静、理智，尤其是在卧室中，蓝色可以迅速让人们激动的情绪变得冷静下来，让人体会到舒适、温和的感觉，很容易进入睡眠状态。

玛丽听从了卡特尔的建议，回家后立即将卧室装修成了蓝色，还将自己最喜欢的红色装饰物都扔掉了。装修完后，玛丽看着焕然一新的卧室，心情不禁就变得舒畅起来了。

当天晚上，玛丽没吃安眠药，但很快进入了睡眠状态。在接下来的半个月中，玛丽不再像之前那样一看到床就紧张、敏感，反而轻松起来。与此同时，她的记忆力和注意力也得以恢复，能像以前那样迅速进入工作状态。而当玛丽再次提交自己的工作报告时，让她惊讶的是，新上司不但没有对她的工作进行挑剔，反而对她进行了表扬。这让玛丽受宠若惊。

一个月后，玛丽再次来到卡特尔的心理咨询室。与上次不同的是，这次，玛丽面带笑容，容光焕发，刚一进门，便给了卡特尔一个拥抱，感激地说："医生，因为你，我才不用忍受失眠之苦。如今，我已经摆脱了失眠的困扰，而我的记忆力和注意力也变得集中起来，工作状态也很好。半个月前，新上司还对我进行了表扬，并对我说，他之所以对我严厉，是因为他在上任之前，我的前上司曾对他推荐过我，而他在这一职位上只待一段时间，于是就利用那段时间对我进行了考察，最后我的表现让他很满意。所以，他打算向上级推荐我接替他的位置。"卡特尔听后，很为玛丽高兴，向玛丽表示了祝贺。

5. 色彩实验：正能量色彩和负能量色彩

　　为了缓解人们的心理压力，很多心理学家都做过研究和实验，发现能够引发人们不良情绪的大多是比较深浓的色彩，比如黑色和深紫色。红色虽然能够让人产生正面的积极向上的情绪，但人是复杂的动物，当一个人的情绪经常处于亢奋的状态时，很容易物极必反，突然转入低沉。而所有颜色中，只有淡红色能够对人的情绪起到明显的缓解作用。

　　为了真正明了色彩对人的心理产生的作用，达到运用色彩改善人类情绪的目的，美国加州大学环境心理学家萨丽·奥古斯汀曾进行过一项实验。她从加州大学的一年级新生中选取了50名自愿参与实验的学生，分成了五个小组，每组10人，将他们带到了加州大学刚刚竣工的一栋公寓，然后分给了他们每人一个房间，声称这是学校给他们的宿舍。当时，这50名学生都很高兴，纷纷将自己的行李搬了过来。

接下来，奥古斯汀又指派了50名自愿参与这项研究的心理学家，分别住在了这50名学生的隔壁，对这50名学生进行跟踪调查。这50名学生的房间宽敞又明亮，只是墙壁的颜色有些古怪，有的是淡青色的，有的是银灰色的，有的是淡紫色的，有的是淡红色的，有的是淡绿色的。其实，这正是奥古斯汀的有意安排，她正是想借此观察不同的过渡色对人的长期影响。

一个月过去了，那10名住在银灰色房间里的学生明显出现了灰暗的情绪。原先他们都是班里比较活跃的学生，可是如今却好像对什么事情都不在乎了，甚至其中几个有女朋友的，竟都和女朋友发生了不同程度的争吵。

生活在淡紫色房间里的，本来都是比较朴实的学生，现在却喜欢上了打扮，学校只要举办活动，就会争先恐后地参加。

而住在淡青色和淡绿色房间的20名学生原本都是班级里的活跃分子，现在却变得不太喜欢去参加学校组织的活动了，一回到房间，总是喜欢躺在床上打瞌睡。

只有淡红色房间的那10名学生，他们变得爱说爱笑了，没事总喜欢和同学们聚在一起聊天。

就这样，这50名学生在这50个房间里住了一个学期。

那10名住在银灰色房间里的学生，有女朋友的人都无一例外地跟女朋友分了手，而这10名学生的学习成绩都出现了明显下降。

10名住在淡紫色房间的学生性情上也发生了较大的改变，有几名学生向学校递交了转系申请，打算去学电视传媒或服装设计，还有两名学生竟然去绘画班做起了业余人体模特。

住在淡青色和淡绿色房间的20名学生，没事就喜欢躲在校园的角落看天空。参与研究的心理学家曾跟他们谈过心，但他们对心理学家的问话爱搭不理，情绪明显有些消沉。

只有住在淡红色房间的10名学生身上出现了正面的积极的反应，在精神面貌上都一改往日颓废的样子，不但学习成绩有了明显提高，还经常抽时间到社会上参与一些公益活动。

按照最初的实验计划，奥古斯汀还打算对这50名学生再进行一个学期的跟踪调查，但考虑到学生的身心安全，在校方的干涉下，奥古斯汀和她的助手不得不终止了这一实验。但为期半年的实验已经让奥古斯汀有了很大的收获，她从中发现，冷色调（如灰色）的确能够使人产生情绪的变化，即让原本活泼的人变得心情沉重，甚至出现悲观厌世和自杀的倾向；相反，那些暖色调（如淡红色）不仅能够安抚人的情绪，还能产生积极向上的正能量，提高人们学习和工作的动力，增强人们对生活的信心。

萨丽·奥古斯汀的实验结果一经公布，立即在加州大学产生了极大的震动。奥古斯汀由此还提出了一项建议：鉴于目前美国青少年犯罪率呈逐年上升趋势，加州大学应该对学校的公寓和教室的墙壁颜色进行调整，将原来的白色改为淡红色，学校的所有办公设备也应该在颜色上进行调整。

　　当然，也有很多社会心理学家对奥古斯汀的实验持保留意见，认为实验虽然有一定的科学性，但是忽略了一个问题，就是颜色对不同性别和年龄的人的作用会不会有所不同。但不管如何，奥古斯汀的这一实验让我们明白了一点：颜色对人的情绪起着重要的改变作用，同时淡红色等暖色调还能够让人们感到心情舒畅，改变人的不良情绪，从而提升人们的正能量。这一点不仅可以应用在心理治疗上，还可以用在家庭装修上，从而让人们生活在舒心、快乐的环境中，远离心理压力。

第 4 章

催眠疗法：不可思议的灵魂之旅

心理学家认为，人们所有的心理疾病其实都来源于被压抑的本能欲望的转换过度或者错误转换在潜意识中形成的一种错误暗示。

既然知道了人们心理疾病的根源，那么就有治愈心理疾病的方法。通常，治愈心理疾病的方法有两种：一种是删除潜意识中已经形成的错误暗示，另一种就是重新塑造转换模式，即所谓的"重塑人格"。

1. 催眠的时候，真的什么话都敢说

1993年，哈佛大学心理学专家霍华德·加德纳的办公室走进来一位面容憔悴、心事重重的年轻女子。她叫香妮·索尔兹，是与加德纳预约好的病人。

长达三个小时的交流之后，加德纳依然没有从索尔兹口中得到有价值的信息。加德纳当天还有其他预约，门外的助手已经暗示了多次。眼看各种方法都不能奏效，加德纳决定试一试自己还尚在完善之中的"催眠术"。

"索尔兹女士，我始终认为你有很多话难以启齿，所以此时我们的治疗毫无进展，甚至是非常糟糕的。现在我想用催眠术帮你把心中的郁结倾诉出来，这其中很有可能带出你不愿提及的事情，请问你接受我的建议吗？当然，这只是工作需要，我们也会为你保密的。"

索尔兹同意了加德纳的意见，在加德纳的帮助下进入了催眠状态。原来，索尔兹小姐患上了一种非常奇怪的病，她总是抑制不住自己想要偷盗的渴望，不管看到别人的什么东西，她都有一种将其顺手牵羊的冲动。索尔兹偷走这些东西并不是为了钱，但她也不知道自己的"犯罪动机"到底是什么。

索尔兹称，她在行窃过程中从来没有被抓住过，但是她非常自责，总觉得别人发现了她的"丑恶行径"，羞愧难当。

探知到症结所在，加德纳的工作就顺利多了，他进一步引导索尔兹说下去。令人意想不到的是，索尔兹将难言之隐全部说出来后，她的心理包袱也消失了。催眠结束后，索尔兹变得开朗了，潜意识里，索尔兹意识到，她已经将那些令自己痛苦悔恨的郁结都排到体外了。从此，她再也没有偷过东西，轻度抑郁也消失不见了。

在此，加德纳还提到了一个容易被人误解的话题，那就是催眠是否等同于实验者遭到了催眠师的控制？

"催眠的真实定义在于，我们通过引导，让实验者不断接近自己的潜意识，在这个人的潜意识状态中与其进行交流沟通，"加德纳说，"实验者是有自己主观判断的，我们只是引导他们说出一些事情的真相。"

这样看来，外界担心的催眠者已经完全处于催眠师的控制之下，实际上是杞人忧天。因此，患者在被催眠时也不必背负过大的心理压力，只要认定眼前的心理专家有足够的职业操守，就算自己有再多的小秘密，也是无须担心的。

那么哪些人容易被催眠，哪些人不容易被催眠呢？

实际上，并不是每个人都能被催眠，有时候，催眠师花了大量的时间和精力，到头来却不能引导患者进入催眠状态，无形中造成了资源浪费。为了衡量被催眠的可能性，加德纳在催眠之前，会对患者进行以下检测：

（1）准备好三个装有清水的试管，其中一个全部是水，另外两个分别是白醋和清水的混合物、酒精和清水的混合物。当然，白醋和酒精的含量都是比较少的。患者会被要求检测自己的嗅觉灵敏程度，能够将它们全部区分开来的得0分，能够分辨出白醋或者酒精之中一种的得1分，无法分辨出各种液体的得2分。

（2）要求患者闭上双眼，面墙而立，平静呼吸两分钟之后，加德纳会用低沉而缓慢的声音对患者说："你是否开始感觉站不住了？是否觉得身体在前后摇摆？现在请你努力集中自己的注意力，仔细感受现在的感觉。"停顿30秒之后，加德纳会重提这个问题，重复三次之后，测试停止，让患者讲述自己的感受。没有感到摇晃的得0分，觉得轻微摇晃的得1分，有明显摇晃的得2分。

（3）为患者展示一幅彩绘，内容是一扇窗户和两把椅子，另外还有淡蓝色的窗帘。30秒后，加德纳会提出以下几个问题：图画中有三把还是四把椅子？窗帘是浅黄色的还是淡绿色的？图片中有两扇窗户还是三扇窗户？很显然，这些选项都是错误的。如果患者根据自己的判断给出了正确答案，那么他将会得0分，如果他的回答与问话一致，每一个问题可以得1分。通过这项提问，患者可以得到0～3分。

（4）拿出一张白纸，在上面画出两个直径均为4厘米的等圆，这两个圆心处分别被标注了12、14两个数字，且它们的间距为8厘米。患者会被问这两个圆哪个大，回答一样大得0分，否则得1分。

最后，加德纳指出，这一检测的整体得分在0～8分之间，得分越高就表示该病人受到暗示而被催眠的可能性越大。一般情况下，只要患者的得分达到3分，加德纳就会对其进行催眠治疗，而得分在3分以下的那些人，催眠专家往往不会在他们身上浪费时间。

2. 失眠、抑郁、家族性遗传病：催眠的神奇能量

　　布鲁诺是一位54岁的退休工人，由于肌肉痉挛，三年来他的眼睛总是不由自主地闭上。因此，尽管没有睡觉，他眼睛的大部分状态都是紧闭的。

　　无奈之下，布鲁诺向邻居瓦尔特求助。瓦尔特既是眼科医生，又是非常专业的催眠师。瓦尔特发现，布鲁诺眼部肌肉痉挛发作时，他的眼皮就不能睁开，而只要布鲁诺说话，他的眼睛就处于睁开的状态。瓦尔特心里清楚，这种状况是可以通过催眠来改善的，于是，他为布鲁诺提供了三种治疗方案。前两种是从医学的角度考虑，通过手术治疗，阻断他眼

皮周围神经，或者将布鲁诺的眼皮缝上，使他的眼睛始终处于张开的状态，让他的眼部肌肉不再出现痉挛的现象。第三种是用催眠进行治疗。布鲁诺选择了第三种方案。

瓦尔特将治疗分为减压、放松和催眠后暗示三个部分。瓦尔特将布鲁诺引入催眠状态后，告诉布鲁诺："布鲁诺，你现在用平时说话的正常音量详细描述一下你的优点。"布鲁诺讲到自己的善良、开朗，当说到自己由于心细而帮以前的公司避免了上亿元损失的时候，布鲁诺享受着巨大的成就感。布鲁诺讲述的时候，瓦尔特暗示他继续放松。布鲁诺已经进入了恍惚的状态，他的眼睛在与瓦尔特对话时始终保持着张开的状态。诱导继续进行，瓦尔特几次指示布鲁诺将声音放低。布鲁诺每次接到暗示后，都会将声音放得更低，而与此同时，他的眼睛始终处于张开的状态。最后，布鲁诺的嘴一直在动，却没有发出任何声音，他的眼睛还是没有闭上。此时，瓦尔特对布鲁诺做出催眠后暗示："布鲁诺，现在你的眼睛是睁开的，你没有发出丁点儿声音，等你的嘴巴闭上，你的眼睛还会一直保持睁开的状态。而且以后在你不说话的时候，你的眼睛张开的时间也会越来越长。"

瓦尔特每周对布鲁诺实施两次催眠治疗，持续了八周。第四周的时候，布鲁诺感觉自己明显有了进步，眼睛第一次整整睁开了一天。然而第二天，他失望地发现，他的眼睛整天都没有睁开。瓦尔特认为，这反映了布鲁诺的暂时抵抗心理，在某种程度上，布鲁诺拒绝看到外面的世界。在接下来的治疗里，瓦尔特继续给布鲁诺放松，并引导他回忆与肌肉痉挛有关的往事。终于，布鲁诺在一次治疗中告诉瓦尔特自己对衰老的抗拒，他在一次照镜子时发现自己年老体衰的状态，便再也不想照镜子，也不想看到自己松弛以及长满老年斑的身体，从那以后，他的眼部肌肉就开始有痉挛的现象。瓦尔特再次催眠时，就有意引导他正确看待自己的衰老问题，告诉他这是自然规律，要平和看待，对布鲁诺进行了积极的暗示。整个治疗结束的时候，不仅布鲁诺的眼睛不再时刻紧闭，他的心门也再次打开，他已经能够运用积极的心态看待自己的衰老了。

这就是催眠治疗压力疾病的一个绝好案例，它能够引导人们正确看待问题，以乐观、积极的心态面对生理压力（比如食欲不佳、睡眠质量不好、年龄增长、身体衰老等），减轻因此而引起的失眠、抑郁等各种症状。

比如，一个工作了几十年的人突然退休了，他就会因为突然停止工作而产生各种不适应状况。虽然有了充足的休息时间，他却无法享受这突然的空闲，严重的不适应会使他产生巨大的压力，进而产生失眠、消化不良等健康问题。这种问题，单纯吃药打针是没有用的，在心理医生那里，催眠却可以很好地加以解决。

更为神奇的是，催眠甚至可以治疗压力引起的家族性疾病。

罗丽丝是沃尔玛超市的员工，她的外祖母和母亲都因乳腺癌去世。38岁那年，罗丽丝参加单位组织的体检，医生告诉她左边乳房上有个小的肿块。罗丽丝及时进行了化疗，癌症开始向良性方向发展。

知道自己患病之前，罗丽丝刚刚与丈夫离婚，要独自抚养两个年幼的孩子，还要工作，压力很大。接受化疗后，罗丽丝意识到自己必须想办法减轻压力，让意志力给身体带来积极的作用。于是，她暂时放弃了工作，找到当地一位享有盛名的催眠师，全身心地投入到了催眠治疗中。催眠师采用了压力减轻诱导和全面恢复诱导两种方法，告诉催眠状态中的罗丽丝，她体内乳房中的肿瘤正在被一只手轻轻地拿去，刚开始只是一部分，然后更多，最后会全部取走。接受治疗的过程中，罗丽丝也积极暗示自己，做出身体康复的想象。开始时，罗丽丝每两天就会接受一次催眠治疗，几周之后，改为每周两次。八周后，她结束了催眠治疗，而且以后的日子里，她的癌症没有复发过。

要知道，遗传是产生疾病的重要因素，过敏、糖尿病和哮喘都属于可遗传性疾病，患者会将易病体质传给孩子，使得孩子患同类疾病的概率大大提升。这些孩子可能在刚出生时，就已经感染这种疾病，也可能会在压力急剧增加时表现出来，如果足够幸运，会一直携带这种致病因子而不发作，平安度过一生。

对于这些家族性遗传疾病，就可以通过催眠治疗来减轻压力，提高自身的免疫力，从而有效抗击疾病。就像罗丽丝，如果没有接受催眠治疗，她或许会步她的外祖母和母亲后尘，过早离开人世。

3. 催眠越深越好吗？——关于催眠深度的真相

现在我们知道催眠能够治疗心理疾病，但是很少有人知道，催眠的效果其实与催眠的深度有直接的关系。

心理学家对接受催眠的患者进行过大规模调查，得出的结论是，其实心理治疗在浅度或中度催眠就足够了，并不是所有人和所有心理问题都需要进入深度催眠状态才能解决。更重要的是，深度催眠并不是完全没有弊端的，最常见的一个弊端就是随着催眠深度的不断加深，人们会对催眠师越来越依赖。

通常，患者处于浅催眠状态中的时候，他们全身的肌肉会处于一种前所未有的松弛状态，眼睑开始发僵，思维活动开始慢慢减少。这时候的患者还不能够完全按照催眠师的暗示行动，因为他们其实并没有真正睡着，还能清楚地听到周围的声音，知道周围发生的事情。他们感到自己全身沉重但舒适，只不过没有办法睁开眼睛看看周围发生了什么，这时，患者的心理防卫开始渐渐降低，他们能够说出平时深埋在心底不愿意说出口的话。处在这一状态中的患者，心情会比较平稳，适合进行一般性质的心理咨询，只是作用比较小。

中度催眠时，患者皮肤开始感觉变得迟钝，对疼痛的忍受力得到了极大提高，同时变得十分顺从，会认真地按照催眠师的要求去做。通常，中度催眠中的患者会进入睡眠状态，不过后来会苏醒过来，当询问他们催眠师问了什么问题、对他做了什么的时候，患者通常只能记得自己在催眠初期的举动，之后的情形就完全没有印象了。

在这个状态中，患者的身心都十分放松，对催眠师的指令也有很好的反应。同时，他们的意识是十分清醒的，清醒的程度甚至超出了平时的很多倍。恰恰就在这个时候，患者的意识和潜意识间就架起了一座桥梁，催眠师能够直接对患者的潜意识进行暗示，而潜意识则会直接把这些特定的信息传送到意识层面，患者就想起了那些被遗忘的事情，有时候甚至会有自己重新经历了一次的感觉。

一般情况下，催眠师会在中度催眠进行催眠治疗。美国著名的心理学家马斯洛就曾经说，对患者进行心理治疗其实根本没有必要进行深度催眠，对于患者经历的重新诠释、人生经验的统整等，都需要患者在清醒的意识状态下来进行，所以中度催眠状态是最合适不过的了。

后来，很多催眠师在实践中也证实了马斯洛的这一观点，他们发现，中度催眠才能达到显著的治疗效果。催眠师在引导患者进入中度催眠状态后，他们能够对患者的潜意识进行干预，甚至能直接与患者的潜意识对话，催眠师可以将治疗方法直接注入患者的潜意识，患者的潜意识对于催眠师的引导和暗示的阻抗作用比较弱，治疗效果比单纯在意识层面进行的心理咨询好得多。

深度催眠状态时，患者的身心得到了彻底和完全的放松，他们对于催眠师给出的催眠指令的反应良好，只不过他们的意识已经变得不清醒，对于四周正在发生的事情，他们一概不知，整个人都沉浸在自己的个人世界里。催眠结束的时候，他们根本就回忆不起来自己在催眠的过程中究竟发生了什么事情。

通常，深度催眠会发生在催眠舞台秀，舞台催眠师为了让参与的观众配合表演，通常都会快速地将观众带入深度催眠的状态，制造出预期的舞台和娱乐效果。但是，催眠师对患者进行心理治疗的时候，深度催眠状态不一定是必需的。催眠师会根据不同的情况来选择不同的催眠状态，使之达到不同的催眠效果。

4. 在心里种下一粒种子：催眠后暗示

心理学家认为，人们所有的心理疾病其实都来源于被压抑的本能欲望的转换过度或者错误转换在潜意识中形成的一种错误暗示。

既然知道了人们心理疾病的根源，那么就有治愈心理疾病的方法。通常，治愈心理疾病的方法有两种：一种是删除潜意识中已经形成的错误暗示，另一种就是重新塑造转换模式，即所谓的"重塑人格"。

那么，应该如何删除导致心理疾病的潜意识，进而解除掉早已成型的错误心理行为呢？

弗洛伊德曾经接待过这样一个患者，患者是一名女性，名字叫安娜。安娜找到弗洛伊德的时候患有十分严重的心理疾病：她对水产生了莫名的恐惧，没有办法正常饮水，口渴的时候只能吃多汁的水果来缓解一下。她感到十分痛苦，但是她也不知道为什么会变成这个样子，弗洛伊德也一直没能找出病因。

然而有一次，安娜在与治疗师布洛伊尔交谈的时候，突然愤怒地谈到她在英语家庭老师家里的不愉快经历。那次，她去英语家庭老师家中做客，在老师的房间中，她看到了令人恶心的一幕：英语老师家的一只小狗，正在喝桌子上的一个杯子中的水。这让安娜感到异常愤怒，但是出于礼貌，她没有做出任何反应，只不过从那时候开始，安娜就再也没有办法喝水了。

让人感到惊讶的是，安娜把心中压抑已久的愤怒无所顾忌地表达出来后，竟然顺手拿起了桌子上的水杯，把里面的水一口气喝了个精光。安娜的症状就这样被彻底治愈了，从此再也没有犯过。

那么，安娜为什么会被治愈了呢？按照弗洛伊德的精神分析理论，安娜患病是因为当时她看到老师家的狗在喝杯子里的水，把她内心本能的欲望——愤怒给刺激了出来，但是出于社会规范，安娜最终把这种愤怒和恶心压抑了下来。之后，这种本能的愤怒和恶心就变成了神经症，使得安娜在潜意识里对喝水产生了恐惧。如果当时安娜没有顾忌太多，把她的家庭教师痛斥一顿，或者将那只小狗打一顿，安娜就不会患上这样的病症。可是，为什么安娜会通过后来的"宣泄"彻底治愈了呢？

答案是，这其实是"催眠后暗示"现象在作怪。

确切地说，就是催眠师对患者施加一个暗示，之后让患者忘记自己被暗示的过程，当患者被唤醒，即便在清醒状态下，也会对这个暗示自动做出反应。

比如下面这个例子：

催眠师对患者进行催眠治疗，在将患者唤醒前，催眠师对患者说："稍后我会把你叫醒，在你醒来之后，当听到拍手的声音，你就会不能自控地大声唱歌。当然，你会忘记我说的这句话，但是你依然会认真地执行这句话的内容。"就这样，催眠师成功地在患者的潜意识里植入了"听到拍手的声音就大声唱歌"这样的暗示。随后，催眠师就把患者唤醒，之后催眠师一拍手，患者就会不由自主地大声唱起歌来。

那么"催眠后暗示"现象跟心理疾病又有什么样的关系呢？

首先，人们的心理疾病都是通过错误潜意识"制造"出来的，想把心理疾病彻底治愈，就要先把脑海中错误的潜意识删掉。弗洛伊德表示，删除一个人脑海中错误的自我暗示，是治愈心理疾病的关键。

其次，在"催眠后暗示"现象当中，患者会在无意识中去执行某个心理暗示的指令，但是他们并不知道自己为什么要这么做，不知道自己的潜意识中存有这样的暗示，更不会知道潜意识里为什么会有这样一个暗示。

心理疾病其实也是这样的。一个人很痛苦地经历某些错误的心理行为时，并不会知道自己为什么会经历这些痛苦，也不知道自己的潜意识中究竟存在什么样的错误暗示，更加不知道这些错误的暗示是什么时候被制造出来的。

不难看出，催眠后暗示和心理疾病除了出现在潜意识中的方式不同，本质是相同的，都是由潜意识激发出来的行为机制。因此，让被催眠者在清醒状态下去执行"听到拍手的声音就大声唱歌"，就是治愈心理疾病的最有效方法。

但是，人们的意识是具有十分强大的批判性的，绝对不会接受一个自己根本就不知道的事情，为了保护自己，它就会给自己找一个看起来十分合理的解释，让人们很难发现它的错误。比如，催眠师在患者清醒的状态下问他："为什么刚刚听到拍手的声音会唱歌？"患者往往会为自己辩解："那是因为我刚刚听到了好听的曲子，所以才会唱歌。"这就是在清醒的状态下意识对自我的保护。

这时候，催眠师会让患者进入催眠状态，通过"自由联想"的方式，让患者回忆起所有与"拍手和唱歌"有关的事情，多次交谈后，催眠师最终会将患者多次由"自由联想"回忆起来的内容片段，通过"拼接图片"，让他们回忆起这个错误的自我暗示是如何形成的。

之后，催眠师会进一步帮助患者将自己的病态心理跟最初形成的过程联系在一起，让患者清楚地知道自己的心理疾病是怎样形成的。这时，患者潜意识中错误的心理暗示才会被彻底删除，心理疾病也就彻底治愈了。

5．重塑人格：修正你的暗示系统

那么，重塑人格又是怎么一回事呢？

简单来讲，重塑人格就是重塑"转换模式"。下面有个例子，可以形象地再现这一概念。

催眠大师米尔顿·艾瑞克森的邻居有一个三岁的孩子，每当他想要什么东西没有得手，他就倒在地上打滚，号啕大哭，甚至用头撞墙。每当他这样哭闹，父母就赶紧把他抱起来，马上满足他的欲望。这样做的结果就是，孩子在潜意识里建立起这样的观念：欲望不能得到满足的时候，可以通过"自残"跟欲望进行"模式的转换"。最后有一天，这个孩子跟父母吵架，他拿起水果刀照着自己的肚子刺了下去。

艾瑞克森的女儿刚好也是三岁。一天，他带着女儿出去散步，女儿不小心被石头绊倒了，膝盖蹭破了很大一块皮，鲜血顿时冒了出来。旁人要上前把她扶起来，艾瑞克森却说："不要管她。"他只是回头看了女儿一眼，继续向前走去。同行的人感到不解，艾瑞克森的女儿却自己爬了起来，摸摸膝盖，继续跟在艾瑞克森的身后。而且，艾瑞克森的女儿想要什么玩具，总是先跑去跟母亲亲热一番，然后说出自己的"欲望"。所有见过艾瑞克森女儿的人，都不约而同地认为他的女儿很"成熟"。

同样是三岁的孩子，心理行为为什么会有如此大的差异？

那是因为，这两个孩子心中关于"欲望"的"转换模式"是不一样的。在面对求而不得的情景时，邻居家孩子的潜意识中就会有一个声音隐隐告诉他："你可以倒地打滚，号啕大哭，这样父母就能满足你的欲望了。"而艾瑞克森的女儿脑海中同样有一个声音在暗暗告诉她："你倒地打滚和号啕大哭是没用的，只有让你的父母高兴，他们才会满足你的欲望。"这个声音就是人体内的暗示系统，也被称为潜意识系统。

每个人的大脑中都存在这样的暗示系统，在人们遇到特定环境的时候，告诉人们应该怎样去做。这个神奇的系统也会让人莫名其妙地去喜欢一些东西。比如每个人的兴趣爱好，就是由潜意识系统决定的。

其实，从一定意义上讲，人们的暗示系统和人格系统是等同的。人格由自我暗示组成，这些自我暗示能够让人们对某些特定的环境做出一系列的组合反应，所以，也可以说人格是转换模式系统的集成。而人们的心理疾病则是在对"本能欲望"的"转换模式"中产生的。那么，人们应该怎样根治自己的心理疾病呢？

在精神分析中，弗洛伊德用"本我"来表示人们的本能欲望系统，这是最原始的自己，是不能被删除的，因为人本身就代表本能欲望，如果删除，那么这个人也就消失了。既然欲望不能被删除，那么就只能删除"转换模式"，删除之前错误的疏导方式，重新塑造一个人的人格了。重新塑造人格的关键，就是对暗示系统的修正。

那么，怎样才能修正人们的暗示系统呢？比如那个邻居家的孩子，他有一个叔叔，当他叔叔拒绝他的无理要求的时候，他会故技重施。但是当他惊讶地发现这一招对叔叔不管用的时候，下一次遇到叔叔，他的潜意识就会提醒他："在叔叔面前打滚是没有用的。"这样一来，他的人格在他面对叔叔的时候就被修正了。

重新塑造人格听起来十分玄妙复杂，实际上是很简单的，只要人们意识到自己犯下的错误没那么严重，人格就得到了修正。也就是说，修正自我系统的方法是"意识到自己的错误"，只不过人们并没有意识到这是在重塑自己。但是，心理疾病通常都是很难治愈的，原因是：

首先，人们没有办法看到自己。

就像邻居家的孩子，如果没有遇到叔叔的拒绝，他永远都不会知道自己的"错误"。因此，如果外界没有力量推动人们进行改变，那么任何人都很难认识到自己的错误。比如，就算是催眠师，如果心理出现问题，他自己也很难知道自己究竟哪里错了。

其次，人格难以获得正确的修正。

只要意识到自己犯了错误，人们的暗示系统就获得了修正，但是修正是向着好的方向还是坏的方向发展，就不能控制了。有些时候，人们认识到自己错误的时候，并不一定就是真的错了，很有可能把原本正确的心理行为给修改成错误的了。

催眠师的作用，在于他们可以帮助患者发现自己的错误，不被错误的信息引导。这需要催眠师对患者的经历进行分析，挖出深埋在患者心中的"自我暗示系统"，之后在催眠的帮助下，把这个错误的潜意识提升到意识层面上来，让患者清楚地认识到自己的错误所在，这样，催眠师就能帮助患者重新塑造出健康的人格，即健康的转换模式。

第 5 章

心态失衡：心理疾病的不完全诱因

目前，人们对多重人格是如何形成的已有一个比较清楚的结论。贝尔格认为，患者大都是从小就开始创造、发展不同人格的，而且几乎无一例外，最主要的原因就是在童年时期曾遭受过虐待或心灵上的创伤。比如，上面案例中的玛丽特娜，童年成长的环境是糟糕的，整天缺少安全感；伊夫在童年也有不堪回首的经历。而拥有这种经历的孩子进入自我催眠的状态中，幻想变成另外一个人，以此摆脱不愉快的经历和心理创伤。

1. 在不同的频道间跳来跳去：多重人格

海因里希·贝尔格作为荣格的学生，从荣格的精神分析学中学到了一些揭开多重人格患者变态心理的方式。而一位名叫玛丽特娜的年轻女子，就曾因为"肢体运动失调"以及"意志力降低"，接受过他的诊疗。

经过仔细观察，贝尔格认为这名女子看上去像是歇斯底里症，于是他决定用催眠术帮助女子找到病因。玛丽特娜是个非常理想的催眠对象，不一会儿便进入催眠状态，但随着催眠程度的加深，却发生了让贝尔格始料不及的事情：玛丽特娜好像变成另外一个人，她的口中冒出另外一个女孩的声音，而且用轻蔑自大的口气将玛丽特娜称为"她"。贝尔格不禁说道："事实上，你就是'她'。"

"你说得不对，我才不是她呢！"女子的声音非常坚定。此时贝尔格意识到他看到了玛丽特娜的另一种人格特质。这个女子自称是米莎，从她的言语中感觉她是个性格开朗、情绪高昂、喜欢和别人开玩笑的人，而这一点与传统温柔的玛丽特娜一点儿也不像。此外，米莎还用不屑的语气说玛丽特娜是个性格懦弱、优柔寡断的女人，她对玛丽特娜的一切都很了解，但玛丽特娜却根本不知道米莎这个人的存在。

起初，米莎只是不停说着话，而由于处于深度催眠中，她无法睁开眼睛。但随后，米莎睁开了眼睛，她在获得自由后，"开放女"的作风便显现出来。比如，在贝尔格面前索要香烟，打着响指并且跷起二郎腿。但在被解除催眠后，玛丽特娜看到自己手里夹着的香烟、跷起的二郎腿等众多"不优雅动作"时，感到非常诧异。

贝尔格从对玛丽特娜的催眠中大体了解到了她是一个拥有双重人格的人。为了进一步对其进行精神分析，半个月后，贝尔格打电话到玛丽特娜的住处，结果又发生一件让他诧异的事情：接电话的人变成了另一个女人。贝尔格从语气上判断，那是一个成熟且拥有家庭责任感的女性，她误以为贝尔格是一个陌生男人，警告他最好不要骚扰自己，否则将报警。贝尔格意识到，这个成熟有责任感的女人可能是玛丽特娜的第三种人格。为了便于研究，他将这个有责任感的女人称为"一号人格"，玛丽特娜本身被称为"二号人格"，催眠状态下的米莎被称为"三号人格"。

贝尔格发现，在日常生活里，大胆、开放的米莎会不时地"出来"取代性格温和的玛丽特娜，而责任感强的"一号人格"则经常扮演收拾残局者。米莎和"一号人格"彼此厌恶，对于米莎不经意间开的玩笑，玛丽特娜往往只是将它当成悲惨的命运被动地接受，而"一号人格"对这些玩笑则深恶痛绝。

譬如有一次，玛丽特娜搭乘城际列车想到伯尔尼找一份体面的工作。但在火车上，米莎却不知不觉间冒了出来，她在中途下车，到一家酒吧去当女侍，玛丽特娜觉得这份工作无趣而让人疲惫，却无计可施。最后，"一号人格"出现了，她走出酒吧，卖掉玛丽特娜的腕表，买车票准备回去。但在途中，米莎又冒出来为难"一号人格"，拒绝回到玛丽特娜破旧的房子里，反而到别处租了一间新房子。最后，玛丽特娜"醒来"，却发现自己睡在一张奇怪的床上，甚至不知道自己身在何处。玛丽特娜深刻体会到，自己的生活就像由无数难解的片段组合而成。

其实，"一号人格"提到的陌生男人，后来被证实是导致玛丽特娜出现精神障碍的核心人物。原来，玛丽特娜的父亲是个没有责任心的赌徒，她的童年是在悲惨的环境中度过的。而陌生男人是玛丽特娜家的一个远房亲戚，对她非常好，单纯的玛丽特娜将她的情感都投注在这个疼爱她的远房亲戚身上。在后来的回忆里，她仍认为那个远房亲戚是一个正直、有责任心的男人，拥有父亲应该具备的一切优点。

10岁时，玛丽特娜的母亲因病去世，此时的玛丽特娜孤苦无依，整日以泪洗面，也就在这个时候，她开始出现梦游的症状。

17岁时，为了逃避赌博上瘾的父亲，玛丽特娜离开家，在一家私人医院找到一份护士的工作。此时，她仍和那个远房亲戚保持联络，经常去找他。一天晚上，喝了酒的亲戚到护士宿舍来找她，忽然露出狰狞的嘴脸，企图非礼她。

玛丽特娜想在记忆中将这一不愉快的经历擦掉，而将此创伤经历透露给贝尔格的是米莎，她说："经历过如此不堪回首的事情后，玛丽特娜就变得怪异，整天眉头紧锁。"而"一号人格"也记得那天晚上发生的事，但对那晚以后的事却毫无记忆。

从以上这些分析，贝尔格得出了结论，玛丽特娜和"一号人格"才是病人的"真实自我"。于是他利用催眠暗示的方法，尝试将这两种人格融合在一起，至于大胆、开放的米莎，贝尔格则决定将她"赶到门外"，或者说将她潜抑到玛丽特娜潜意识的最底层。随后的半年时间里，玛丽特娜变成了正常、健康的女性，但米莎并未真正消失，她仍会偶尔冒出来，跟玛丽特娜开一些刁蛮的玩笑。

其实在很早以前，弗洛伊德提出的"潜抑说"就对多重人格提出了令人信服的科学解释。潜抑是个体心理防御机制的一种表现，指的是一个人把意识中对立的或不能接受的欲望、冲动、想法、情感或不堪回首的经历，不知不觉地压制到潜意识中去，使得个体不能察觉或回忆起令他们不愿谈及的经历，以避免精神上遭受不良情绪的影响。

例如，案例中的玛丽特娜，她潜抑远房亲戚对她的非礼，而由米莎来"保有"对这件事的记忆，这正是让自己不产生精神压力的一种心理自卫机制。但为什么会一个人格接着另一个人格浮现，串联在一起呢？

在贝尔格看来，"多重人格"可以将一个人的精神或思想"分解"为两组、三组，甚至更多组。比如，荣获第30届奥斯卡金像奖最佳女主角的乔安娜·伍德沃德，在南奈利·约翰逊导演的电影《三面夏娃》中，扮演了一个陷入极度困惑中的美国南方家庭主妇——伊夫，她承受着头痛、情绪压抑、健忘等病症的困扰，去找精神医生卢瑟帮助，一开始卢瑟只是给她常规的建议，但随着病情的恶化，卢瑟使用了催眠疗法，却发现伊夫是多重人格患者，除了白天的样子，还有独立世故和淫荡妇人的隐藏人格。随着治疗的深入，卢瑟发现伊夫出现了越来越多的人格，经过18年的精神分析，伊夫被发现竟有高达21种人格特质。

目前，人们对多重人格是如何形成的已有一个比较清楚的结论。贝尔格认为，**患者大都是从小就开始创造、发展不同人格的，而且最主要的原因，几乎无一例外都是在童年时期曾遭受过虐待或心灵上的创伤。**比如，上面案例中的玛丽特娜，童年成长的环境是糟糕的，整天缺少安全感；伊夫在童年也有不堪回首的经历。而拥有这种经历的孩子就会进入自我催眠的状态中，幻想变成另外一个人，以此摆脱不愉快的经历和心理创伤。

从日常的研究中，贝尔格发现具有多重人格的人大多非常容易进入催眠状态。而在生理层面上，研究人员也实现了重大突破。比如在20世纪80年代，美国心理研究中心就曾经对10个多重人格患者进行了研究。研究中发现，他们中的每个人至少具有三种人格。进一步测试他们在不同人格状态下脑电波的反应情况，结果表明，同一个病人在不同的人格状态下，对于刺激做出反应的脑波活动是不一样的。

因此，美国心理研究中心的心理分析师认为，一个人出现多重人格并不是刻意伪装出来的，而是人格的真正转移。当他们从一种人格变成另一种人格时，脑部活动就会发生明显的变化，而且在不同的人格状态中，他们脑部处理知觉信息的方法也存在很大的差异。用生活中的一样东西来形容，多重人格就像是电视台的不同频道，病人的人格可以在几个频道间来回切换。

此外，贝尔格还证实了多重人格患者在不同的人格特质下，具有不同的声音形态。对于大多数人而言，声音形态是相对固定的，即使是演技再好的演员，在改变腔调前，也很难改变自身的声音形态。而且，多重人格患者在言谈举止等方面的改变程度，也是演员不能模仿的。

多年的精神分析让贝尔格意识到，一些有情绪化并且心境多变的人，他们的人格以及心灵或多或少都存在一定程度的多重性，在不同情境中会表现出不同的行为特征。比如，一个公司的领导在工作期间经常摆着严厉的面孔训斥下属，也许在周末游玩时就变成有绅士风度的人，或者在家庭中变成

第 5 章 心态失衡：心理疾病的不完全诱因

温和的好丈夫。再比如，一个看似柔弱的母亲，在孩子遭遇危险时，却能奋不顾身地创造奇迹。当在不同情境中经历了这些角色变化后，事后也许会无法相信当时会那样做。

在精神分析学中，多重人格被众多心理分析专家视为病态，因为多重人格患者的多重自我大多彼此"不相识"，而诊治的目标就是用催眠的方式让患者的不同人格"相互认识"，并帮助他们的实际人格（核心人格）将这些多重人格紧密地整合在一起，让患者意识到没有必要借"分裂"来面对外界。案例中的玛丽特娜后来说道："接受贝尔格的治疗后，我认识到，自己的多重人格都是可以控制的，可以自由选择自己想要做的人，因为我比别人更加了解真实的自己。"

对此，贝尔格喜欢用"认识你的多重自我"这句话来诠释他对精神分析学的研究。此外，他还在那些具有创造才华的人身上发现，这些人都曾对想象中的另外一个自己感到迷惑，甚至产生困惑心理，也许多重人格并不像一些人想象中的那样罕见，在每个人的内心深处都存在另外一个自我，只不过程度不同罢了。

2. 所有人都要害我！——被害妄想症

　　王某平时与单位一个领导关系不睦。这年年底，他的这位领导犯错误被降职，王某开始多疑，认为该领导会误会降职与他有关，为此要找人报复他。

　　其后王某的疑心逐渐加重，觉得周围邻居，甚至对面楼房里都有该领导安排的人，自称经常听到这些人讲他的坏话（实际周围没有人），看别人讲话就认为是故意讲给他听的，话中有话。出门时，王某感觉有人跟踪，在监视他的一举一动，甚至怀疑楼下的摩托车、轿车也是单位领导派来的。为此，王某随身带棍子防身，常一人自语谩骂，并到单位找该领导对质，扬言要卸下该领导的大腿。

　　2006年10月，王某住宅楼前搞道路施工，噪音较大，他认为是单位派来的人在故意干扰自己，把空酒瓶往外扔，还站在阳台上谩骂。最后，邻居不堪忍受，电话报警。

上面的案例，就是典型的被害妄想症。这是妄想症中最常见的一种，被害妄想症患者常常处于恐惧状态而胡乱推理和判断，思维发生障碍，坚信自己受到迫害或伤害，所以，他们会变得极度谨慎和处处防备，还时常将相关的人纳入自己妄想的世界中。

当一个人从小自卑，缺乏安全感，加之突发的外界环境影响，长期压抑的负面情绪就会瞬间爆发：经常性地处于恐惧状态，感觉被人议论、诬陷，遭人暗算，财产被劫，被人杀害等，有自杀的企图和行为，有特殊的性格缺陷，如主观、敏感、多疑、自尊心强、以自我为中心、好幻想。

简单来说，被害妄想症可以看作一种脱离现实的病态思维方式。有妄想症的人以毫无根据的设想为前提进行推理，他们的思维逻辑违背常理，得出不符合实际的结论，同时对荒唐的结论深信不疑，不能通过讲道理进行知识教育以及自己的亲身经历来纠正这种结论。

对此，弗洛伊德认为，这就需要家人给他一个和谐稳定的环境，给他支持，给他安全感。在弗洛伊德看来，被害妄想症的发生是因为患者在童年曾受过某些刺激，和缺乏母爱，缺乏与人建立良好的人际关系等有关。

实际上，有些人在感到压抑、焦虑、恐慌时，由于找不到恰当的排解方法，精神方面出了问题，家人和朋友起初都不会在意，没有把它当成一种病态，本人也不承认自己患有精神疾病。殊不知，这种状态轻则沉闷于心，偏离了正常的生活轨道，重则危及社会治安，造成严重的社会事件。

"从小，家人和老师就教育孩子要与好人在一起，不好的人会把自己带坏。"在弗洛伊德看来，被害妄想症与患者的病前性格有直接关系，他们往往很主观、自我，也很固执，不听劝告，自尊心强，喜欢争强好胜。被害妄想症患者会把日常生活中的小冲突、小矛盾集合到一起，从而使"雪球"越滚越大，以认证自己会被伤害的想法。

精神分析学认为，被害妄想症的产生是心理学、生物学以及社会学三方面因素交互作用的结果。被害妄想症与所处的环境密不可分，不过，很难确认是其中哪种因素导致。对此，弗洛伊德认为，为了预防被害妄想症，父母要从小正确地教育孩子，给予孩子足够的安全感，注重培养他们健全的人格和有益的爱好，使之从小建立起良好的人际关系，才能不受被害妄想症的困扰。

3. 只有我才是永远对的！——偏执型人格障碍

18岁时，我还是一名高三学生，学习成绩相当好。平常我虽然常与人交往，也很喜欢与同学交谈，但我总觉得他们嫉妒我的才能，总是用一种异样的目光看我，他们也常常否认对我的嫉妒，但我觉得他们说的不是真话，是在为自己辩解。有的人因此不主动亲近我，这说明了什么呢？还不是嫉妒我的才能。还有，那时我爱顶撞班主任，我经常觉得他的想法是错误的，反而说我是错的，你看多可笑。

我一向我行我素，说话办事全凭个人意愿，因为我具有比他们更强的能力和智慧。当然，有时结果不理想，但那并不是因为我的能力存在什么问题，而是客观原因造成的。我才不管别人的喜怒哀乐。我认为我在他们眼中属于人见人恨那种人，他们也一定认为我思想简单，最好欺负。后来我就懒得与他们交往了，我更乐于独处。但我对别人的怀疑却丝毫没有减少。

读书时，对任何人，包括班里同学，甚至自己的父亲，不管他们做什么事，说什么话，我都从心里怀疑。我为什么要信任他们呢？如果信任他们，说不定哪天他们就会利用我的信任加害我。这不是，最近我就被人利用了，可以说是毫无理由的，我被调离机关去一个下属公司，当了一名普通工作人员。

为什么要调离我？我断定有人搞鬼，他们肯定嫉妒我的才干，我为此感到愤愤不平，我觉得领导这样对我实在是很不公平。机关领导说我一直搞不好同事关系，给我安排工作我的异议总是很多。我为什么要理那些人呢？我已给上级部门写信，直述了我蒙受的耻辱以及我对那个领导的看法，我非把他搞垮不可。我女朋友还不让我这样做呢！她劝我算了，我不听，她就说我有病。我有什么问题？我看是她变心了。我一直都注意到，她每次来单位，对我的那位领导的眼神都很特殊。如果他们俩真有什么，我就更是跟他们没完。

上面这个案例中的男子25岁，本人不愿意求治，也拒绝承认自己心理方面存在问题，后来在心理医生的耐心说服下，他这才讲述了自己的情况。他的情况，就属于典型的偏执型人格障碍。

据相关数据，具有偏执型人格障碍特征的人约占心理障碍总人数的十五分之一，但实际的比例可能会更高。

那么，什么是偏执型人格呢？这种人格障碍最显著的特征就是极其顽固地固执己见。这是一种变态的人格，突出的表现是对自己的过分关心以及自我评价过高，当遭遇挫折和失败，往往归咎于他人或推诿给客观因素。而且，这类人很难做出改变，难以自拔。当他们向医生或可信赖的人求助时，别人的指导难以维持太久，他们继而又会陷入原先的状态。虽然他们也经常极力地用各种方式疏通自己，力图让自己走出心理困境，但一般来说很难实现。

弗洛伊德将偏执型人格的特点归纳为：

（1）疑心大，嫉妒心强，经常把别人非恶意的行为、友善的行为错当成是存在歧视或者敌意的，甚至对别人的用心产生怀疑，认为别人存在一定的目的性，过分地保护自己而警惕别人。

（2）过于自负，总是固执地追求不够合理的利益。当遇到挫折和失败后，则归咎于他人，总认为自己是正确的。

（3）思想行为固执死板，对自己的能力评价过高，其实内心很自卑，总是过多过高地要求别人，但从来不轻易信任别人。

（4）性格怪异，在家不能与家人和睦相处，在外不能与他人融洽相处，常常与人发生矛盾和争吵，致使别人只能对他敬而远之。

精神分析学认为，偏执型人格的形成原因与幼年失爱有直接的关系。那些幼年生活在不被信任、常被指责和否定的家庭环境中的人，更容易出现偏执型人格。另外，后天的成长中连续受挫遭受严重生活打击的人，也是偏执型人格障碍发生率较高的人群。

在弗洛伊德看来，这类人要想减轻这种倾向，关键在于改进心理适应方式，重点是要克服其多疑、敏感、固执、不安全感和自我中心的人格缺陷，包括如何处理自己的欲望要求，调节超我的适当控制，以达到人际关系及现实的适应。其最终目标就在于促进自我性格的成熟。

在现实生活中，性格偏执的人之所以烦恼多，是因为他们对周围人或事情的要求太多，如果别人没有达到他们的要求，或者事情发展没有在他们预想的轨道上进行，他们的内心就会产生烦恼，甚至做出极端的行为。

弗洛伊德在精神分析学中指出，积极的自我观念是形成伟大的人格力量的基础。在此基础上，本我能通过积极的主体活动，把各种影响"内化"为自己的心理意识，并通过细致的鉴别吸收，最大限度地利用，开发自我潜能，展示自我优点，用大无畏的创造精神去塑造新的自我，开创新的生活。而偏执型人格障碍患者最大的问题就是很少求助于医生，经常处于戒备和紧张状态中，寻找多疑偏见的根据，对身边人的中性或善意的言行举止进行歪曲并采取敌意和藐视，对事态的前后关系缺乏正确评价。可以说，这是偏执型人格障碍患者不易治愈的主要原因。

4．情绪饥饿：心理失衡怎么办

人们的心理，就像春天的原野，应该是阳光明媚的。然而在现实生活中，有些人的心理却是"阴云密布"，常常出现心理失衡，这些人表现得或抑郁孤单，或喜怒无常，或猜疑嫉妒，或无端恐惧。

很早以前，荣格就在进行心理失衡方面的研究，他发现，心理失衡会有以下几种表现：

第一种：灰色心理

荣格认为，现实生活中的一些人，由于身体的变化或者心理上的变化，使得他们出现闷闷不乐、焦虑烦躁等不良的心理状态，而出现这些不良状态的人以中年人居多。究其原因就是，随着年龄的增长，中年人的身体机能开始发生变化，由旺盛期进入缓慢的衰退期，并在生活和工作的压力下，心理开始出现偏差。

第二种：情绪饥饿

荣格认为，人们的生活状况与情绪饥饿有非常紧密的关联。比如，贫穷者由于整日为生计操劳，思想有所寄托，不易缺少情绪体验。而那些生活富足、无所追求的人大多是情绪饥饿的"受害者"，因为他们在精神上缺少寄托，缺少亲情安慰，经常处于情绪波动的不良状态，时间一长，他们的精神就会出现问题。

第三种：信息膨胀

随着科技和经济的不断发展，人们已经进入"信息爆炸"的时代，信息量急剧增加，让一些人的精神负担加重，心理问题也随之产生。这样的人在接收外界信息时，由于信息超过了他们的心理承受能力，就造成大脑中枢神经功能的紊乱，由此演变成信息膨胀综合征。

实际上，造成人们心理失衡的因素有很多，比如社会变迁过快、行为方式的改变、思想观念的更新等，都或多或少会让人们走进失落的世界。为此，荣格曾经说过："遇事能够泰然处之，并且用平和的心态看待身体上出现的变化，并随之做好调整的准备，才能积极主动地避开因为身体机能变化而对自身心理带来的伤害。有节奏的工作和生活可以有效地避免精神上出现的种种不适，从根本上改善不良的情绪以及被压抑的精神，这样才会拥有健康的心理和矍铄的精神。"

为了让心理失衡的人尽快摆脱这种精神上的"煎熬"，荣格总结出了心理失衡的调节方法，最经常被提起的就是"转移法"（一些心理学家将其称为移情法），指的是心理失衡的人为了减轻自身不良情绪的影响，通过转移注意力达到心理平衡。要知道，悲伤、愤怒等负面情绪可以在大脑里产生兴奋中心，人们通过外界的力量是可以使兴奋中心转移的，将人们的注意力转移到他愿意做的事情上去，进而从负面情绪中快速解脱出来。

（1）消遣转移法：通过散步或聊天，进行负面情绪的转移

散步是一种悠然自得并让人心平气和的活动，也是一种动中有静、静中有动的转移方法。现实中，当人们面临负面情绪困扰时，首先想到的应该是脱离现场，出去散步。散步的过程其实也是释放心理压力的过程，更是重新认识自我、进行理性思考的过程。在散步时，人们呼吸到新鲜的空气，紧张的大脑皮层就会得到放松，负面情绪也得以宣泄。

聊天也是消遣转移法中不可或缺的方法。但要注意的是，在选择聊天对象时，要选择那些知晓自身秉性的人。这样的人不会幸灾乐祸，更不会火上浇油，而是能站在你的角度，帮你分析出问题的症结所在，让你从中认识到自身的问题。

（2）繁忙转移法：将注意力集中到繁忙事务上，忘记烦恼

需要注意的是，最好为患者分派一些危险系数低、工作量偏大的事情，避免由于患者注意力难以集中而带来不应有的损失。

（3）娱乐转移法：通过娱乐活动，如跳舞、跳水、攀登、下棋、绘画等转移注意力

如果下棋，心神就要集中，将精力完全放在与对方的博弈中；而绘画时，要静神运气，心无杂念；放风筝时，要将目光投放在线上。通过这些方式，都能起到转移负面情绪的效果。

（4）开阔转移法：让患者开阔心胸，调节负面心态

其实，欧洲一些国家的精神病院早就为患者开设了一些装有日月星辰的天花板，这种宏大的卧室可以让患者变得心胸开阔，为他们失衡的心理带来一定的治疗效果。

此外，外出旅行也是一个好办法。旅行最大的好处，就是让一个人的思路打开，塑造人格魅力，因此，那些经常旅行的人大多是善于理解别人、心态趋于平衡、懂得战胜困难的人。

5．美女抢自己家的银行，算不算心理变态

一名美丽女郎嫁给银行家后，做出了很多令人不解的事情。比如，在自己举办的宴会上偷来宾漂亮的首饰，而她只想过过瘾后便物归原主，可她发现，丢了首饰的来宾并不担心。后来她才知道，来宾为首饰买了保险，丢了会由保险公司赔偿，因此美丽女郎非常苦闷，甚至找心理学家咨询，可仍没能解决问题。

再比如，她的丈夫由于工作繁忙忽视了她，为了得到丈夫的关心和关注，她竟然化装成老人拿着玩具手枪去抢丈夫的银行。本以为这样能引起丈夫的关心，可丈夫依然跟以前一样。最后，她将抢银行的事情告诉了大家，没想到大家都以为她在开玩笑，没人相信她。无奈之下，她又策划了一场抢

银行的闹剧，这一次，大家终于相信了她。直到这时，丈夫才意识到此前对妻子的关注实在是太少了。

这就是美国犯罪喜剧电影《千面佳人》里的故事情节。欣赏完电影，人们应该进行思考：为什么美丽女郎在衣食无忧的状态下会去抢银行？她这样做算不算心理异常？其实，从心理学角度进行分析，美丽女郎的心理谈不上异常，她无非就是想引起别人的注意，尤其是她的丈夫。那么，她为何非要采用抢银行的方式得到丈夫的关注呢？

很早以前，弗洛伊德就发现，当一个人向另一个人表达内心的某种情感需求时，会将真实感受告诉对方，以便得到对方的关注。如果对方并没有理解他的心理需求，没有真正关注他，就会让他产生失落之情。此后，如果这个人再次将自身的心理需求告诉给另外一个人，仍然没有得到理解的话，无奈、失落之情便油然而生，为此后这个人的过失行为埋下隐患。

在弗洛伊德看来，这个人如果得不到对方的关注或者同情，就会想出一些让别人关注的办法和策略。电影里美丽女郎的表现就体现了这一点，虽然她嫁给了银行家，过着衣食无忧的生活，但她同样有精神方面的需求，希望丈夫能抽出时间多陪陪她，陪她吃一顿饭。虽然她和丈夫谈起过这个问题，但丈夫并没有上心。这样，她就会更加寂寞，渴望被关注的心理就越来越强烈，最后化装成老人去抢银行了。

弗洛伊德曾不止一次地强调："现实中或许人们很难想象

某一件事情的发生，认为事情的发生有悖常理，但从心理学上来看，当一个人的心理需求得不到满足时，就会做出让人难以相信的事情，而且其目的非常简单，那就是要让人们注意到他（她）。"

很显然，电影中的美丽女郎化装成老人对银行进行抢劫，目的就是想吸引别人的眼球。可以说，这是她的心理得到满足的第一个阶段，此时，美丽女郎非常享受抢银行的过程，她还大胆地将这个事实告诉其他人。本以为这样的"壮举"能吸引别人的眼球，并得到丈夫的关注，可结果却令她失望了——没人相信她抢了银行。在这种情况下，她萌生了继续抢银行的计划。她坚信，自己的疯狂举动一定会引起别人的关注。

让美丽女郎满意的是，第二次抢银行在得到别人关注的同时，也让丈夫很震惊。即便她要面临外界的批评以及丈夫的指责，她心里仍然充满了满足感，这是她第二阶段的心理特征。

6. 弗洛伊德：自卑是被长久关着的老虎

安德莉亚有时会去观看一些在其他人眼里跟她很不搭调且枯燥至极的宗教歌剧，因为这会让别人感觉她气质高贵、谈吐不凡。虽然她会穿着凸显身材的连衣裙（很优雅，但又跟场合有点儿不搭，显得非常出格），但不会让人觉得太暴露或丑陋。

可是安德莉亚的内心却充满了自卑，因为她那要求完美的自尊心不允许有任何的小瑕疵存在，以致她从来都没有对自己满意过。听到上司或长辈对她明确地表示"哇！太棒了！"，她才会真正安下心来，但这对她来说可不是幸福的满足感——缺乏自我价值标准或价值标准模糊，人是无法获得真正的满足感的。安德莉亚就是活在别人的眼中，实际上并没有拥有真正的自尊心。

按照弗洛伊德的分析，自恋症源于自身强烈的自卑感的压抑的防御心理，即自我由于不能以正常方式满足成就动机，采取了封闭的过度关注自我的外在评价的种种虚幻形式，比如名气、夸赞，甚至会将是否得到他人的肯定和关注视为唯一标准。患有自恋症的人常常会没有理由地关注那些非常有名气的人，有意识地与偶像结合为一体，而当这种虚幻感遭到否定或者偶像因某件事情失去令他攀附的理由时，他就会转为对偶像的极度仇恨。

根据弗洛伊德的分析，不难看出，自恋是与自卑交织在一起，作为某种防御机制来维持自我的稳定。也就是说，内心的自卑是造成防御的原因，自卑逐渐演变成自恋，用以掩盖极度的自卑心理，把自卑压抑在潜意识的海底。

其实，自卑就是人们体验到的自我形象与理想状态下的情况相差很大时的感受。人和人之间的交往带来的是人和人的比较，这种比较是客观存在的，一旦某一方面他比别人强，而这又是社会看重的，那么他就能体验到一种难以名状的喜悦感。倘若这种比较优势是建立在自我努力的基础上，那么本我还能体验到更加强烈的满足感，甚至是更高的体验。而一旦比较处于劣势，那么失落感和强烈的压抑将会充斥自我，进而体验到自卑。这种自卑的感觉有很大的能量，是一种非常原始的情结。

那么，该怎样阻止自卑呢？其实，自恋就是很好的方式，即找些比他人出色或者与众不同的东西冲淡自卑。比如，经常去看歌舞剧、画展，或者买名牌服饰、高档护肤品来装饰自己。事实上，那些暂时性的通过某些仪式化的行为带来的自恋效果确实能减轻自卑。

但是，这种减轻乃至提升自我的感觉成了下次类似行为的强化，之后，类似行为的倾向也会越来越多，伴随的是自恋的程度愈加严重，甚至到最后，仪式化的行为充斥到整个生活，自我已经完全相信这些仪式化的行为带来的效果是真实的，而不是刻意所为，甚至怀疑的念头都被压抑到了潜意识里。

对此，弗洛伊德形象地把自卑描述成被长久关着的老虎，关得越严，自恋就越强烈，自卑的反抗也越疯狂。这其实就形成了一种恶性循环，越是自恋，自卑也就越深。当美梦被惊醒，自卑便完全侵入，这个时候自我将非常无助和悲哀，而这是弗洛伊德不愿看到的，也是每个人不愿接受的。

第 6 章

情感治愈：安抚双向情感障碍

　　一般来说，一些男性并没有充分认识到自己会有"恋母情结"，也就是"俄狄浦斯情结"，他们的"自我保护系统"会下意识地避免往这个方向考虑，当这种感觉出现的时候，或是在恋人面前展现自己渴望"母爱"的面目时，这种"俄狄浦斯情结"早已被"化过装"了。但还是有一些人会因种种原因不能让自己从"俄狄浦斯情结"中挣脱出来，长此以往，心理便变得不健康。

　　而且，男孩在面对"俄狄浦斯情结"时，心理冲突会很大。一方面内心对这种感觉放不下，一直想挣脱道德的束缚，另一方面意识又极力阻止，这种矛盾的心理，不断地浮起来、压下去，这种介于"可以"和"不可以"之间的矛盾很容易对人的心理造成影响，产生心理问题。

1. "萝莉情结"？ "恋童癖"？

　　"萝莉"一词，源自1955年俄裔美籍小说家弗拉基米尔·纳博科夫写的小说《洛丽塔》。小说描述了一个中年男人亨·亨伯特在年少时期，曾与未成年的小女孩安娜贝尔发生过一段恋情，最后安娜贝尔因病去世，造就了他的恋童癖。安娜贝尔死后，他首先和当地一名有钱的寡妇结婚，不久被其抛弃，后来他爱上了女房东夏绿蒂未成年的女儿洛丽塔，背着女房东称洛丽塔为"小妖精"。在当时，《洛丽塔》被列为禁书，而如今，它已经成为经典名著，并且"洛丽塔"已经成为带有挑逗特质的少女的代名词，也就是现今人们所说的"萝莉"。

由于年少时的阴影，陷入恋童情结的亨伯特对12岁的热情的、早熟的洛丽塔无法自拔。为了接近她，他娶了洛丽塔的母亲，光明正大地成了这名小女孩的继父。当夏绿蒂发现丈夫亨伯特对女儿洛丽塔的企图后，与他大吵了一架，愤怒的夏绿蒂一气之下跑出家门，不幸被路边飞驰的汽车撞死。而亨伯特对夏绿蒂的死很高兴，因为终于没人能阻止他和洛丽塔在一起了，他偷偷在洛丽塔的水杯里下了药，想让她失去神志，然后对她为所欲为，满足自己恋童癖的畸形心理。然而，洛丽塔喝完下了药的饮料后仍然保持清醒，尽管如此，亨伯特还是和洛丽塔发生了关系。

洛丽塔得知母亲已经不在人世后，别无选择地接受了和继父亨伯特生活在一起的事实，并和他保持着不道德的关系。亨伯特借着父亲的名义带着洛丽塔到处旅行，用小女孩喜欢的东西控制她，满足自己的"萝莉情结"。而随着洛丽塔渐渐长大，她的心智越来越成熟，不再满足于这种和继父的"乱伦"状态，于是，她开始和男孩子交往。在一次旅行中，洛丽塔跟着一名男子逃脱了继父亨伯特的控制，亨伯特寻找未果，只得放弃。

一晃三年过去了，亨伯特收到了洛丽塔的求助信，她希望继父能给她一些钱，因为她已经结婚并怀孕了。亨伯特仍然爱着洛丽塔，他毫不犹豫地给她寄了现金和支票，甚至把卖房子的定金和契约也给了她。亨伯特在信中要求洛丽塔告诉他，当年是谁拐走了她。洛丽塔在回信中写道：当时带走她的人是哲学作家奎迪，因为自己不愿意听从录制色情影片的命令，遭到奎迪的虐待，因此逃了出来，后来和现在的丈夫结婚，并有了孩子。亨伯特请求洛丽塔离开现在的家庭，回到他身边，并表示自己一直没有忘记她，还爱着她。但洛丽塔表示自己更喜欢现在的丈夫，拒绝了亨伯特的请求。亨伯特伤心欲绝，为了替洛丽塔报仇，他找到奎迪的踪迹，枪杀了他。最终，亨伯特死于狱中，而洛丽塔也因为难产去世。

亨·亨伯特跟弗拉基米尔·纳博科夫笔下的大多数人物一样，是一个极端的艺术家，聪明敏捷但近乎偏执，成熟稳重但有恋童癖，他对"萝莉型"的少女洛丽塔有不可抗拒的情欲，可以说是有"萝莉"情结。

《洛丽塔》的问世引发了人们的争议，甚至一度被列为禁书，因为书中人物亨伯特的"恋童癖"侵害了儿童的正常成长，而且，好奇的读者对书中中年男子和未成年少女之间"不道德"的关系产生了兴趣。面对各种议论，作者纳博科夫表示："《洛丽塔》根本不是色情小说。"又或许作者是想告诉世人，身为男人，他心中也有一个"萝莉"？

在小说中，纳博科夫曾引用一句诗人的话："道德，是人性的义务，而我们需要赋予灵魂的美感。"在《洛丽塔》中，这种所谓"灵魂的美感"充满了情欲和罪恶感，而《洛丽塔》只是他意识里对未成年少女幻想的产物，他企图在另一个虚幻的世界中完成自己的"萝莉情结"。事实上，纳博科夫是用一篇寓言故事，从"恋童"和情欲的角度体验了爱情。

男性心目中的萝莉，是指9～15岁的未成年少女。他们对这种稚嫩的少女抱有幻想和憧憬，抑或是对现实中一些"萝莉型"的女童有实质上的偏好，从心理学的角度来说，也就是"恋童癖"。

但一些心理学家认为，"恋童癖"和"萝莉情结"是有差别的——对未成年的女童抱有不道德的幻想或是对与女童发生关系有期待，跟纯粹地想要保护和关怀未成年少女或是对年龄小的女孩容易产生好感是不同的。"恋童癖"是一种心理疾病，也可以说是一种畸形心理，因为患有"恋童癖"的人会遵循这种心理偏好，去做一些违背道德的事，比如诱拐、非礼、猥亵幼童。而单纯地喜欢"萝莉"的人和"恋童癖"的区别就是，一个是喜爱心理，一个是畸恋心理。与"恋童癖"对女童造成身心上的伤害不同的是，喜欢"萝莉"的人，不会对"萝莉"造成身体和心理上的伤害，只会真诚地祝愿或守护"萝莉"健康成长。

因此，男人喜欢"萝莉"就是有"恋童癖"是很片面的说法。如果男性对10岁以下的少女怀有性冲动，这就是"恋童癖"心理；如果对象是12～16岁的少女，则与"恋童癖"的心理有所区别。可以说，男人对"萝莉"的喜好，广泛定义是，对思春少女产生恋爱情感，或是容易对"萝莉型"少女产生好感，甚至会对这类女性产生感情。

大部分男人都会有些大男子主义，而"萝莉型"的少女会使男人产生一种保护欲。一些国家因《洛丽塔》延伸发展了一种衍生文化，比如，日本人喜欢用"萝莉"称呼未成年少女或"穿着萝莉装的少女"。"萝莉装"是日本的一种衍生文化，为了满足男性对萝莉的幻想和期待，让女性穿上"萝莉装"扮演"萝莉"，"萝莉装"的风格主要模仿维多利亚时代的宫廷和女仆装扮。总而言之，"萝莉风格"就是靠形象和衣着激起男性心中对"萝莉"的渴望。

一般来说，"萝莉风格"不仅是一种服装的时尚和潮流，更是男性表达情感需要的方式，或弥补对儿时初恋的怀念和渴求。**心理学家艾力逊曾对此进行分析："每个男人都会对自己的童真念念不忘，在处于现实社会'迷乱的世界'里时，他们往往会渴望摆脱现实的枷锁，寻找曾经纯粹的自我，因此渴望在未成年的少女身上，以不羁挑战传统和世俗，期望有人能真正接纳、了解和认同自己。"**心理学界认为，男人对"萝莉型"少女的喜欢，是一种"洛丽塔综合征"和"萝莉情结"。

现在，人们普遍认为"萝莉"是指"天真可爱的小女孩"，不但成了男人们心底渴望的恋爱对象，也成为女性追逐的个性化形象。在现实生活中，喜欢"萝莉"的群体，不单单是青年男人，也有在年龄上可以做"萝莉之父"的中年男人。其实，喜欢"萝莉"的男人没有错，因为每个男人的心底都会有个"小萝莉"，那是每个男人心底最柔软的部分，是对童真的渴望。

2．同性恋：只是两个人刚好相爱

　　"断背"本身是一个沉重的名词，表示一种沉重的感情，同时也被称为同性恋。同性恋具体描述为："对与自己性别相同的人感兴趣，对异性不能做出生理反应。"美国学术界认为，同性恋除了在性取向上与异性恋不同，其他均相同。

　　"断背"一词在世俗常见的异性恋中，显得尤为特别。大部分人无法理解，两个同性之间怎么会产生爱情，这太奇怪和诡异了。但现实社会中，确实存在这样一群人，他们虽然性别相同，却相爱了。其实对于人们来说，男人与女人之间产生爱恋，到结婚生子，哺育下一代，这本是正常的人生轨迹，也是人类繁衍的过程。但一个男人对另一个男人产生好感而发生恋情，那他们如何结婚生子？无论是从生理角度，还是人类繁衍的角度来说，这都是有违人道的。

关于这种特别爱情的产生原因，贝科特认为有两种：一种是生理因素造成了这种畸恋，另一种是心理、社会以及家庭的影响。但美国心理学界，对同性恋形成的具体原因至今还没有明确的结论。现今，美国心理学会已不再把同性恋看作心理障碍，甚至已经逐渐接纳同性相爱的观点，但很多人还是无法接受同性之间产生爱情这样的事情，甚至有些人对此存在偏见和敌意。

有的人总是把同性恋归为畸形爱恋和心理变态，现实社会中，也时常因不正常的爱恋引发血案：

这是一场血案，巴雷特·凯德杀死了他的朋友比利。当警察抓到凯德时，他非常颓废。人们都很好奇，是什么样的仇恨，让这个可爱的大男孩在朋友身上捅了十几刀还不解恨，还要泼上硫酸，以致朋友失血过多当场死亡。但面对警察的严厉质问，凯德一直沉默不语，眼中透露着渴望早日解脱的绝望。

"他欺骗了我的爱。"凯德面对贝科特时，道出了实情。

原来，凯德和比利是一对同性恋人，两人住在一处小公寓内，过着"夫妻"生活，一直很开心，很少发生不快。两人相恋时，曾表示自己是单身，甚至曾规划过未来，要举办一场同性婚礼。但有一天，比利接到一个电话后匆匆离去。凯德看他神色慌张，以为发生了不好的事情，就跟在了他身后，而比利只顾赶路，也没注意身后的情况。于是，凯德发现比利已经有了妻子和孩子，他愤怒地揍了比利一顿。

凯德躲在家里伤心，他以为两个人的感情就这样完了，但没过几天比利来找他忏悔，说自己爱的是他，不能没有他，求他原谅自己，并表示自己会尽快离婚。凯德虽然因为比利的隐瞒而伤心，但还是爱着比利的，也就渐渐与比利和好了。

两人虽然和好，或多或少心里还有些隔阂，再也恢复不到之前的亲密，他们开始因为一些小事吵架，甚至动手打斗。案发当日，凯德与比利在同性恋酒吧玩耍，而比利和一个"同志"表现得太过亲密，让凯德醋性大发，争吵起来，最终两人不欢而散。

当天晚上，比利回到凯德的家，两人再次争吵起来。比利睡着后，桌子上的手机响了起来，凯德拿起来一看，发现比利竟然还跟妻子保持夫妻关系，当下大怒，气冲冲地跑进厨房拿了一把刀，在比利身上连砍十几刀，又拿出储藏室里的硫酸泼向奄奄一息的比利。当凯德从恨意中醒过来时，比利已经没有了呼吸。凯德掩面痛哭，仓皇逃离现场。

现实生活中，因爱生恨的例子屡见不鲜，男女恋人之间争风吃醋是常有的事。女性作为弱势的一方，吃醋的程度往往会比男性大，而且在男女关系中，男性表现得一般都比较豁达，但同为豁达的男人和男人之间的"情爱"，却是眼里揉不进一粒沙子。也许是凯德对比利的爱太深了，也许是凯德对断背之爱的想象太完美了，这才引发了一场悲剧。

贝科特曾说："在情爱的世界里，爱情、感情或许看上去很美，但实际操作起来，却是另一番景象，如果处理不好感情问题，很可能会因爱引发另一个极端。"情爱本身就是没有年龄和性别之分的，一旦两人相爱，都不希望对方对其他异性或同性做出太过亲密的事。

在《断背山》的故事中，杰克与恩尼斯发生关系后，总是背对着他睡觉。对这些下意识的动作，心理学家贝科特曾分析：渴望被保护的人，在睡觉时会下意识拥抱双肩；而与爱人同眠时，会下意识地做出背对着对方的动作。或许，同性之所以会相互吸引，产生情愫和爱恋，是因为他们在异性那里得不到心理上的满足和关爱，或是因为环境和家庭的关系，导致心理扭曲，发现对同性才能产生爱意，那么变成同性恋也就不难理解了。

男"同志"在心理行为和生理行为中有一些各不相同的异样情绪，比如有的更想做女性，甚至会把自己幻想成女性，来跟男性恋爱，或是把自己打扮成女性来吸引同性的注意，而且只有在面对男性时，生理上才会产生反应。从心理学角度来说，一个男人如果心理太过怯懦、柔弱，就会把自己摆在女性的位置，而这种女性心理膨胀到一定程度，就会把自己当成女性，产生性取向的误差。

美国同性恋协会研究发现，一些对"同性恋"这个词抵制情绪非常激烈的人，往往就是潜在的同性恋，尽管他们对此一无所觉。这些人对同性恋持鄙视和讥讽态度，很大程度上来自于父母和周围人的专制压力。如果你内心深处有这样强烈的感觉，不妨问问自己："为什么会这样？"

不仅如此，有的人在不知道自己有潜在同性恋倾向的情况下，没有正确地看待这一心理问题，会导致最终成为真正的同性恋。因此，每个人都应当正确地看待自己的性取向，发现有所偏差时，应及时改变这种心理状态。美国同性恋协会的一项调查显示，在比较宽容的家庭氛围中成长的孩子，一般对同性恋的态度没有太激烈的情绪波动，而在非常严肃专制的家庭氛围中成长的孩子，看待同性恋的态度就会很偏激，结果显示，后者存在同性恋倾向的可能性比较大。

3. 恋母情结：你会在爱人身上寻找母爱吗

在精神分析和心理分析中，"恋母情结"是一种本能的冲动产生的欲望，从心理学的角度来讲，是指男性的心理倾向，无论年龄多大，总是依恋自己的母亲。

拉伊奥斯国王曾劫走佩洛普斯国王的小儿子克律西波斯，致使他受困自杀。佩洛普斯是宙斯的孙子，他向宙斯祈祷，让拉伊奥斯受到惩罚。当拉伊奥斯向神明祈求子嗣的时候，神一边满足他的愿望，一边告诉他关于他的预言："你的儿子将会把你杀死，并娶你的妻子。"为了逃避未来可能发生的预言，拉伊奥斯夫妇用钉子把刚出生的儿子俄狄浦斯的双腿钉伤（意思是"双脚肿胀"无法回到父母身边），然后把俄狄浦斯交给皇宫里的仆人，带出去扔掉。

但仆人是个心地善良的人，他不忍心看着幼小的生命死去，就把俄狄浦斯送给了一个牧羊人。后来，牧羊人带着俄狄浦斯回到了自己的本土——科林斯国。一次偶然的机会，科林斯国的国王波吕玻斯微服私访，遇到了牧羊人。其实，波吕玻斯国王私访的本意是寻找继承人，因为他没有儿子。通过与牧羊人的接触，他了解到对方抱养了一个孩子，就这样，国王收养了俄狄浦斯。

波吕玻斯国王没有告诉俄狄浦斯他不是自己的亲生儿子，下令谁也不能在俄狄浦斯面前提起他的身世。俄狄浦斯长大后，到德尔菲神殿占卜，神谕上显示他会对父母不利，做出违背伦理道德的事情。为了逃避命运的安排，俄狄浦斯离开了从小生长的科林斯国，孤身来到了忒拜国，发誓再也不会出现在"父母"身边。在忒拜边境的一个三岔路口，俄狄浦斯与一群忒拜国人发生争执，双方都不肯让步。争斗中，俄狄浦斯失手打死了这群人，其中一个正是忒拜国王拉伊奥斯——俄狄浦斯的生父。

而拉伊奥斯之所以出现在那里，是因为狮身人面兽斯芬克司在忒拜抓他的子民，并问对方一个问题，如果回答不出来，就会被斯芬克司撕碎吞食。为了解救自己的子民，拉伊奥斯国王宣布："谁能解答斯芬克司的谜题，我就把王位传给他。"就这样，拉伊奥斯国王带着挑战斯芬克司的人，出现在了忒拜边境的三岔路口，并与俄狄浦斯相遇。

拉伊奥斯国王和带去的一行人死了，回答问题的人只剩下俄狄浦斯了。随后，他正确地解答了斯芬克司的谜题，并被忒拜国的子民拥上王位，在不知情的情况下娶了前任国王的遗孀约卡斯塔，也就是他的母亲。

俄狄浦斯统治忒拜后，灾难和瘟疫不断降临这个国家，作为国王的俄狄浦斯不得不向神祇请示破解瘟疫和灾难的办法，想知道是哪里冒犯了神明。之后，他在先知提瑞西阿斯口中探知了真相，原来自己是前任国王拉伊奥斯的儿子，当年他在三岔路口杀死的那群人，他的生父就在其中，而他现在的妻子竟然是自己的生母。约卡斯塔王后在得知这一真相后，受不了打击，羞愤自杀，而震惊不已的俄狄浦斯也因羞愧，自己把双眼刺瞎，独自离开了忒拜，后来再也没人见到过他。

心理学家弗洛伊德认为，人们在儿童时期，在异性发展中面对的首先是双亲，男孩选择对象是以母亲为标准，而女孩选择对象则以父亲为标准。小孩之所以会做出这样的选择，有两方面的原因：一方面是由于双亲的刺激增强或偏重了他们的选择；另一方面，他们也会本能地偏重于自己最亲密的人。在这种情况下，男孩很容易对母亲产生特殊的柔情，甚至会把父亲看成"情敌"，希望取代父亲在母亲心目中的地位。

成年之后的男性，在寻找伴侣时，都会在对方身上寻找母亲的身影，比如，有的男性会想"我要找一个和母亲一样温柔贤惠的女人做妻子"，或"我要找一个像母亲一样爱我的人结婚"。"恋母情结"使他们在选择配偶时，下意识地想要找一个有

"母亲身影"，或者是有"母性光辉"的爱人。从某种意义上来讲，这也是一些男性孩子气的表现，他们仍保留着儿时童真、单纯的愿望——长大后，娶妈妈做自己的新娘。

事实上，每个人在成长中都会经历这样的"恋母"时期。正如俄狄浦斯，当他知道了事情的真相，在道德伦理之下羞愧难当，自毁双目。所以，大部分有"恋母情结"的人在这一时期往往会很矛盾，他们一方面想在恋人身上寻找"母亲身影"，另一方面又认为恋人根本无法与母亲相比，这种矛盾心理会一直持续到他们内心真正成熟的阶段。

一般来说，一些男性并没有充分认识到自己会有"恋母情结"，也就是"俄狄浦斯情结"，他们的"自我保护系统"会下意识地避免往这个方向考虑，当这种感觉出现的时候，或是在恋人面前展现自己渴望"母爱"的面目时，这种"俄狄浦斯情结"早已被"化过装"了。但还是有一些人会因种种原因不能让自己从"俄狄浦斯情结"中挣脱出来，长此以往，心理便变得不健康。

而且，男孩在面对"俄狄浦斯情结"时，心理冲突会很大。一方面内心对这种感觉放不下，一直想挣脱道德的束缚，另一方面意识又极力阻止，这种矛盾的心理，不断地浮起来、压下去，这种介于"可以"和"不可以"之间的矛盾很容易对人的心理造成影响，产生心理问题。

实际上，"恋母情结"的本质是相似和互补的。比如，从男孩和父亲站在同为男性的角度来讲，是相似的，所以他们彼此能认同对方，男孩会觉得父亲很了不起，渐渐把他当成学习的对象，在成长过程中也会下意识地模仿父亲，同时会把父亲的性格和心理特点吸纳到自己的身上，因此，男孩的心理特征会有一部分像父亲。而母亲和男孩在任何角度上都是不同的，造物者正是利用这样的不同，让两种不同性别的人产生互补，取长补短，相依为命，这就形成了"恋爱"和"对象爱"现象，也可以说是"恋母"的最初现象。在这种现象下，男孩会不由自主地"恋母仿父"，当然这也是建立在与父母的基本人际关系上进行的。

在这种基本的家庭人际关系中，"恋母仿父"是一种循环的状态。比如，男孩以父亲为榜样，父亲爱母亲，男孩跟着父亲爱母亲，母亲爱父亲，男孩为了从母亲那里得到更多的爱，继续模仿父亲，让自己更加像父亲……在这种循环中，男孩的心智渐渐成熟，并且"恋母情结"会在自己以后的人际关系和感情生活中得到延伸，甚至可以说，这对男孩以后的感情生活将会产生不可小觑的影响。

而随着年龄的增长，男孩的"恋母情结"的"对象爱"也在发生变化，会渐渐变得年轻，最终被同年龄段的异性取代，也就是说，男孩会与同龄异性产生友情或爱情。"恋母情结"之所以会随着年龄的增长而变化，甚至消失，是因为"对象爱"虽源于父母，但又不是父母的现实体。臆想中的父母形象不会因为现实中父母的衰老而变老，因此，现实中的父母越来越老，而臆想中的父母越来越年轻，再加上自己受生活时代的影响，"恋母情结"的"对象爱"也就越来越年轻，直至最终变成同龄的异性。

4．婚内分居：无性婚姻能够持续下去吗

　　一项调查显示，有将近四分之一的夫妻保持着无性婚姻，而导致无性婚姻的原因有很多种，有工作因素、生理因素以及心理因素。其中，最大一部分人是生理、心理都正常，却因为工作两地分居，从而产生无性婚姻。这种"双城"生活也许使生活富足了，却给婚姻带来了危机。调查显示，现在夫妻离婚的原因有70%都是性生活不和谐。

　　2005年，著名影星詹妮弗·安妮斯顿与布拉德·皮特离婚的消息震惊了全球。在此之前，他们曾是人人羡慕的模范夫妻。

　　1998年，詹妮弗·安妮斯顿与布拉德·皮特相识，当时，

布拉德·皮特刚刚与前任女友取消了婚约。不久，两人便陷入了地下恋情。直到詹妮弗·安妮斯顿参加布拉德·皮特的某片首映礼，被媒体拍到两人牵手离开，他们的恋情才正式曝光。在这之后的七年里，他们的恋情成了美国媒体的热点话题。2000年7月，两人正式结为夫妻，婚礼很豪华，引来了无数人的羡慕与祝福。

婚后，他们高调地幸福着：一同出席活动，一同出去玩，布拉德·皮特对詹妮弗·安妮斯顿温柔、宠溺的眼神让无数女人羡慕不已。布拉德·皮特曾经说过："詹妮弗·安妮斯顿是我的天使、我的生命，只要与她在十步之内的范围我就能感受到幸福。"但是，就是这样幸福的两个人，在2005年，他们结婚五周年的时候，出人意料地离婚了。

开始的时候，人们都说他们的婚姻破裂是因为安吉丽娜·朱莉的介入。而安吉丽娜·朱莉也承认，在拍摄电影《史密斯夫妇》的时候，与布拉德·皮特擦出了火花。

但是，詹妮弗·安妮斯顿与布拉德·皮特离婚后，詹妮弗·安妮斯顿曾经在采访中透露他们在离婚时已经过了两年的无性婚姻生活了。由此看来，安吉丽娜·朱莉也许是他们离婚的原因，但应该只是一小部分，更大的问题在于他们两年来有爱无性的婚姻生活。

婚姻中，感情占有很大的比重固然没错，但缺乏了性爱，婚姻便会失去它的生命力和灵性。调查显示，性生活的和谐确实能使婚姻稳固，彼此吸引对方，所以，性虽然不是婚姻的全部，却是婚姻生活的重要组成部分，请不要忽视它。

对此，有人把这种无性婚姻称为"婚内逃避性行为"。事实上，性是人类正常的生理需要，在婚姻生活中，如果长期没有性生活，那么有需要的一方很有可能会寻找其他的发泄方式，无论是发泄在吵架上，还是发泄在其他异性身上，都会给婚姻带来阴影。所以，很多无性婚姻都是令人绝望的，没有了身体的交流，心理上也会渐行渐远。想避免悲剧的发生，我们就应该注意以下几点：

（1）夫妻间需要交流

受中国传统思想的影响，人们对于性的态度是可以做，但不可以谈论。我们应该改变这种态度。性是一种本能，除了可以延续后代，还能使双方产生愉悦感、享受感。长期的性压抑，会对生理及心理产生严重影响，比如，容易引发失眠、抑郁等疾病。性是婚姻生活中很重要的一部分，所以要与恋人多沟通，才能做到性的和谐。

（2）性是一种调和剂

在心理学上，任何回避夫妻性行为的做法都是不想为对方负责的表现。人与动物的不同之处在于，人的婚姻中包含责任，既然两个人走在一起，就要维护婚姻关系，履行婚姻的责任与义务。结婚以后，夫妻双方面对家庭、工作、学习等多方面的压力，有时候是比较累的，回家以后，恰恰是需要互相安慰理解的时候，而性是最好的调和剂。

第 6 章　情感治愈：安抚双向情感障碍

129

其实，性的倾泻是很好的缓解压力的方式。很多夫妻都会说，不是他们不想过性生活，而是每天回到家都觉得太累，或者是夫妻双方的时间碰不到一起。其实这都是借口，时间挤一挤总会有的，而良好的性生活是生活的减压良药，或许一场和谐的性爱就能驱散你的疲劳。

性对于婚姻来说就像盐对佳肴一样重要，少了性的婚姻是索然无味的，所以，不要因为忙和累，就忽视了婚姻中的性生活。

（3）童年阴影的影响

两个完全健康的人在一起没有性生活，那就很有可能是心理因素了，也就是性交恐惧症。性交恐惧症产生的原因有很多种，可能是幼年时受到过性侵犯，也可能是儿时听说性生活会非常疼痛而产生恐惧阴影。对于性交恐惧症的治疗主要是心理辅导，需要寻求专业医生的帮助。

婚姻中，如果发现对方有这样的问题，应该积极配合对方进行治疗，以鼓励的态度对待对方，不要嘲笑你的爱人。其实，真正的性活动不仅仅是性交，还包括亲吻、抚摸等，夫妻双方应该多多关心对方，多些包容，遇到问题真诚交流双方的需求。

（4）经济社会的压力

可以说，经济压力是造成性生活减少甚至消失的一个重要因素。很多时候，夫妻双方为了有更好的物质生活，将所有的精力都放在了工作上，而减少了夫妻间相处的机会，从而导致性冷淡。

经济压力是人们不可避免的问题，而夫妻间应该学会调节，只有双方多沟通交流，达成共识，才能解决问题。

（5）一些观点的误导

有时候，某些流行性的观点对夫妻双方中的一方产生了误导，也会发生性生活的不协调。比如，妻子在网络上读到一篇文章，说不进行性生活能够长寿，甚至拿古代皇帝大多寿命不长为例，来劝说爱人保持无性婚姻。

5．坐错车：你的另一半花心吗

　　贝妮塔·阿尔里德本是哈佛大学一名各方面都很优秀的学生，可自从和同在哈佛大学就读的阿德拉·奥尔德里特恋爱三个月后，她便陷入了极度的痛苦中。虽然阿尔里德无论是从相貌还是从身材，都是极具诱惑力的，但在学校里比她漂亮的女孩也不胜枚举，这让她产生了情感危机。

　　在阿尔里德眼里，奥尔德里特长得很帅，也很有个性，唯一令她感到痛苦的是，奥尔德里特是一个花心的男人，而且他很有可能已经爱上了别的女孩。因为阿尔里德发现，奥尔德里特对她的热情似乎在逐渐减退，这让她很难接受。

　　为此，阿尔里德曾和奥尔德里特争吵过，但奥尔德里特认为自己一点儿也不花心，更没有喜欢别的女孩。然而，阿尔里德还是不相信奥尔德里特的话，于是，她悄悄跟踪了奥尔德里特一段时间，结果却是一无所获。

这让阿尔里德无比烦恼。从内心来讲，阿尔里德是极其喜欢奥尔德里特的，但越是喜欢，她越想弄清楚奥尔德里特究竟有没有喜欢上别的女孩。她既不想误解奥尔德里特，也不想就这么糊涂地相处下去。于是，她找到哈佛大学著名心理学专家、哈佛大学博士后研究员朱利安·泰普林寻求帮助。

听了阿尔里德的诉说后，泰普林博士沉思片刻，笑了笑，说："我出几道题，你负责将这几道题传达给奥尔德里特，并将他的答案带回给我。"

泰普林博士提出的问题是：

（1）假如你现在正坐在一辆公交车上，但没过多久，你突然发现自己坐错了车，这个时候，设想一下，你会是怎样的心情？

（2）从你坐上车开始，直到你发现自己坐错了车，在这期间，你认为一共经过了多少个红绿灯？

（3）假如车上有一个小孩，在不停地来回跑，说出你对那个小孩的印象以及你心里最想说的话是什么。

（4）车子终于到达终点了，你设想自己走下车，看到的是一条什么样的街？

（5）请对你乘坐的车进行一番描述，那是一辆什么样的车？

阿尔里德不明白泰普林博士为何会提出这些问题，在她看来，这些问题与她的疑问根本就没有任何关联。当她说出自己的疑惑后，泰普林博士只告诉了她一句话，那就是从恋爱心理学角度而言，行驶中的车子象征着恋爱中男女的心态。

泰普林博士说，只要阿尔里德带回奥尔德里特的答案，他就可以帮助阿尔里德推断出奥尔德里特此刻的心态。阿尔里德遵照泰普林博士的话做了，将这五个问题带给了奥尔德里特。

将这些问题带给奥尔德里特时，阿尔里德遵照泰普林博士的叮嘱，只说这是她自己假设的一些问题。泰普林博士告诉阿尔里德，如果让奥尔德里特知道这是泰普林博士提出的问题，那么他一定会很慎重、很刻意地进行回答，而这并不是泰普林博士想要的，他想要的是自然随意的回答。

奥尔德里特想了想，给出了自己的五个答案：

（1）完了，坐错车了，就当是体验新的路途吧。

（2）感觉会遇到不下三个红绿灯吧。

（3）这个小孩来来回回跑，真是烦人！

（4）一条很漂亮且应有尽有的街道，简直让人不想离开。

（5）破破烂烂的一辆车。

在给阿尔里德解释奥尔德里特的答案前，泰普林博士首先从恋爱心理学角度分析了自己提出的五个问题。其实，当你发现坐错公交车时的心情，代表着你会不会在恋爱中脚踏两只船；你在坐错车的途中认为会遇到几个红绿灯，暗示着你在人生中会对几个人表达恋情；而你对车子里那个来回跑的小孩的印象以及你想说的话，实际上暗示着你的内心是如何看待自己的花心行为的；你认为车到终点会出现一条什么样的街，反映出了当你真正移情别恋后，你会做出的最后选择；最后，对于车子的描述，其实是指你对心上人的描述，同时也暗示着你的内心是否真的有花心"恶魔"存在。

泰普林博士指出，奥尔德里特第（1）题的回答，预示着如果奥尔德里特真的移情别恋了，或者说不小心爱上了别的女孩，他一般不会选择回头的。泰普林博士说，从心理学角度，可以将人们恋爱看作在急急忙忙赶车时的情景，在赶车的时候，坐错车是常有的事，但你坐错车之后的心情却预示着你恋爱中的心态。如果你的回答跟奥尔德里特都是"完了，坐错车了，就当是体验新的路途吧"，这说明你的花心不管是有意还是无意，你都不会回头，因为你心里在想着"体验新的路途"。而将其放在恋爱心理学中，你的回答就变成了"完了，我出轨了，那就体验新的恋情吧"。

泰普林博士补充说，如果你的答案是"唉，坐错车是常有的事，下一站再返回吧"，这种人通常是奉行顺其自然原则的人，他们往往认为自己的花心行为或者生活中的错误是自然而然的事情。他们虽不会刻意去花心或犯错，可一旦不小心移情别恋，他们不会想着去改正，甚至还会享受那种状态。

奥尔德里特对第（2）题的回答表明了他在一生中会对至少三个以上的女孩表达恋情——红绿灯其实就是感情中的危险信号。如果你对别人说起这些危险信号，对方只会劝你不要去碰那些危险信号，而奥尔德里特的答案却是三个以上，这说明奥尔德里特花心的可能性很大。如果你的回答是"一个红绿灯也不会经过"，虽然这不能代表你这一生就只会爱一个人，但可以肯定的是，你至少不会像个花心大萝卜一样，处处留情。

第（3）题中的小孩其实正是良心的象征，而奥尔德里特对小孩那种感到厌烦的态度，反映出奥尔德里特的良心已经出现了"恶魔"，只有"恶魔"才会发出那种不耐烦的声音。而发出这种声音的人，对于自己的花心行为是不会或者感受不到任何良心谴责的，因为他们不懂得为别人着想，更不会站在别人的角度去考虑问题，相反，他们会放纵自己的花心行为，遭到质问时，他们通常还会用一些歪理来为自己辩解。

阿尔里德问泰普林博士，如果答案是"那个小孩很可爱"呢？泰普林博士认为，不能说这一类型的人不会花心，只能说这样的人在对待花心的问题上，会稍微有一种内疚感。这种人还有一种心理，那就是他们希望情感像可爱的小孩那样单纯而美好，哪怕是其中一方错了，重新爱一次也无妨。但他们极不喜欢那种偷偷摸摸的恋爱关系。

"一条很漂亮且应有尽有的街道，简直让人不想离开。"——奥尔德里特对第（4）题的回答反映出他是一个喜新厌旧且花心不想回头的人。从逻辑心理学角度来讲，有这种答案的人，往往时常都在幻想着在某个时候偶遇一段新的恋情，而这种人给对方的感觉也往往是不可靠的。这种人花心出轨后，几乎不可能再回到从前的爱人身边，因为他觉得下一站很美，会是一种崭新的生活。

如果你的答案是"一条阴冷潮湿、人烟稀少的街道"，从逻辑心理学角度分析，这种人通常是不容易出轨的，因为对于他们而言，在经历了很多事情之后，他们往往发现，一些旧的东西似乎总是比新的好。因此，即便这种人移情别恋了，他们也时常会感到自责，总觉得对不起旧恋人，最后，他们往往还是会回到旧恋人身边的。

泰普林博士指出，奥尔德里特在第（5）题中的回答表明他已经对现在的恋人感到失望了，因此他才用"破破烂烂的一辆车"来形容。试想，对于破破烂烂的车，谁不想换掉呢？

解释完奥尔德里特的答案后，泰普林博士请阿尔里德带给奥尔德里特一句话，那就是无论你乘坐的是一辆多么破旧的车，一旦你坐上去了，不管你看到了什么样的风景，你都必须与这辆车共同进退。

阿尔里德却摇了摇头，说："谢谢博士的好意，我想我不会将这句话带给奥尔德里特了。此刻我突然明白了一个道理，恋爱对很多人而言，就像是一次旅行，在旅行的途中，有太多人才刚刚坐上车，下一站就到目的地了，即便他乘坐的是一辆好车。"

听完阿尔里德的话，泰普林博士很欣慰，在她离开前，泰普林博士告诉她，这其实是一个准确率很高的心理测试题。而泰普林博士之所以用这道"坐错车"的心理测试题来帮助阿尔里德走出恋爱的困境，是因为他曾经用这道测试题帮助很多学生看到了对方在恋爱中的真实心态，当然，他（她）们就像现在的阿尔里德一样，毫不犹豫地选择了放开花心者的手。

值得提醒大家的是，泰普林博士在这个心理测试中，还采用了逻辑学原理作为辅助分析，即你坐错了车以及坐错车之后的想法和思维都是有原因的，要么是你有意坐错了车，要么就是无意坐错了车。泰普林博士从这个心理测试中得出了一个结论——无论你移情别恋是有意还是无意的，你内心的花心恶魔都是存在的。泰普林博士认为，如果你的内心不存在花心恶魔，那么也就不存在有意或无意了。

　　其实，在许多心理学测试中，多少都融入了一些逻辑学思维。在这个"坐错车"的心理测试中，泰普林博士将心理学与逻辑学巧妙地结合了起来，为阿尔里德解除了内心的难题。之所以借助逻辑学，是因为泰普林博士认为，逻辑学的形式和推理是理性思维的集合体，而心理学的测试和推断是感性思维的集合体，两者之间有紧密贴切的联系，如果能将二者有效地结合起来，那么心理学的测试将会更加准确、有趣和有意义。

6. "我要和自己结婚"

1996年8月21日，在纽约曼哈顿洛克菲勒广场上，NBA明星罗德曼宣传自己的个人自传《我行我素》时，自导自演了一场惊世骇俗的婚礼——新郎、新娘竟然是同一个人！当时，洛克菲勒广场挤满了人，罗德曼身穿一身洁白的婚纱，戴着金黄色的假发，头上盖着一层薄纱，一副新娘模样出现在众人面前。罗德曼在保安的陪伴下缓缓走进会场，站在麦克风前，向世人宣布："我要和自己结婚！"

罗德曼这个名字永远带着叛逆和暴力的色彩，这位NBA明星做的每件事都让人惊讶不已，甚至到了匪夷所思的地步。这次又是什么让罗德曼"既当新郎又当新娘"呢？对于他疯狂的举动，人们不禁要问，他是痞子、疯子，还是"变性人"？而单从他的行为举止，不难看出，这种令人惊讶的行为确实符合他的心理特点。

丹尼斯·罗德曼，出生于新泽西特伦顿的一个贫困家庭，他的父亲是个流浪汉，和罗德曼的母亲恋爱生育了他和两个妹妹之后，就不知所终了。单亲家庭，缺少父爱，造成了他的怪异性格。罗德曼上完高中就辍学了，当时他的身高还在1.73米上下，很难找到工作，所以整日无所事事。然而，两年之间他竟然长到了两米多，因此被达拉斯机场招为保安，但不久就被送进了拘留所，因为他偷了客人的东西。对此，母亲非常气愤，狠狠地教训了他，并劝他继续读书。罗德曼也认为与其这样整天厮混，庸碌一生，还不如学点儿知识，为未来谋一个好出路，于是他进入了俄克拉何马大学。

1983年，罗德曼对篮球产生了浓厚的兴趣，并加入了俄克拉何马大学校队。在多场比赛中，他以惊人的篮板球取得了优异的战绩。1986年，罗德曼大学毕业后，开始走进"篮球世界的大门"——NBA选秀大会。底特律活塞队看中了罗德曼的篮球天分，选他加入球队。虽然罗德曼接触篮球比较晚，但他超强的弹跳力和反应能力使他在NBA站稳了脚跟。罗德曼喜欢顶着怪异的发型出现在众人面前，再加上绚丽的文身，很容易吸引观众的目光，罗德曼在球场大放异彩的同时，也得到了很多球迷的喜爱。据说，罗德曼第一次染发和文身就是为了表达对妻子的爱。

当罗德曼和模特卡门·伊莱克特拉"闪婚"时，大部分人都以为他要结束那种放荡不羁的生活了，但仅仅七天，两人竟然"闪离"了，这短暂激情的"七日婚姻记"绝对可以为他匪夷所思的人生记录下绚烂的一笔，但这也仅仅是一笔而已，因为跟罗德曼的其他事情相比，这简直再平常不过了。罗德曼在世人眼中是一个"坏孩子"的形象，因此，大家给了他一个"大虫"的绰号。

无论是花样烦琐的文身，还是怪异的发型，或是戴着鼻环、配饰，不可否认的是，罗德曼的确是NBA中最另类、最有个性的人。可以说，在球场内外，罗德曼极具争议的举动同样令他备受瞩目。罗德曼一生扮演过很多角色：作家、演员、父亲、新郎，也扮演过新娘，入选过NBA全明星阵容……但罗德曼更多的是扮演"威胁者丹尼斯"的角色，无论是与麦当娜约会，与卡门·伊莱克特拉短暂的婚姻，还是跟其他女人的约会，甚至是在镜头面前踢摄影师，都不可否认，他的身上有很多别人看不透的谜，又或者说，他的存在本身就是一个谜。因此，这也就不难理解他为了宣传一本自传穿上婚纱扮演新娘的惊世举动了。

罗德曼在球场上的形象，的确是光鲜亮丽的，但他总是用"小丑行为"掩盖自己的光辉形象：他的鼻子和肚脐上都打了环，脑袋简直像个花园，甚至他的纪律问题和他在球场上的光芒一样耀眼。如果说罗德曼有什么"正常"的想法，那就是想在自己传奇版的履历上，加上一个奈史密斯篮球"名人堂"的提名，但他一直未能如愿。他的经纪人达伦·普林斯认为，罗德曼一直未入选，可能跟他的行事作风太出格有关。

而入选奈史密斯篮球名人堂的卡里姆·贾巴尔也认为，罗德曼在球场上精彩的表现，足以让他具备入选奈史密斯名人榜的资格。

其实，罗德曼对进入名人堂非常期待，他曾说："如果我入选的话，我想我会非常高兴，因为我很幸运，但在这之前，我每天都会好好打扮自己，等那一天突然到来时，也不会让自己因为高兴而丢掉形象；但如果没有发生这样的事，我也不会有太大的遗憾，因为我对自己现在拥有的一切都很满足。"达伦·普林斯帮他游说，联系了名人堂的总裁兼执行官约翰·多勒瓦商谈，但多勒瓦表示，罗德曼不具备提名资格。

虽然罗德曼最终没有获得名人堂的提名，但他也没有表现得很失落。在时代广场接受采访，被记者询问未获得提名的感想时，罗德曼说道："其实对我来说也没什么，但对关心我的人来说，入不入选有很大意义。"显而易见的是，生活作风问题确实是他进入名人堂的阻碍。斯科蒂·皮蓬曾说："在我心里，罗德曼已经是名人堂的名人了。他拿了五届冠军，是一个时代篮球界的核心人物，他的能力是众所周知的。"而尼克斯主帅托马斯也赞成皮蓬的这一看法。

从罗德曼的人生经历中，可以了解到，他对自己的惊世骇俗的行为，只是出于好玩、有趣、刺激的心理，但从他的人生的两种喜好上——篮球和女人可以看出，罗德曼对女性很渴望，甚至不惜扮演女性来满足这种渴望。事实上，从心理学角度来讲，罗德曼对女性渴望的程度太过强烈。据他自己计算，他和2000个女性发生过关系，这是一个惊人的数字。当然，也不排除他阅女太多，因而更了解女人，所以才扮演新娘的可能。

7. 女人是喷火怪物？——男人的婚姻恐惧症

美国心理学家邦妮·埃克·威尔博士进行的一项调查的结果显示：5000名单身男子在被问及"恋爱与婚姻"之间的关系时，有20%的人回答："恋爱的最终目的不是为了结婚，而是为了精神上的满足。"对于那些正处在婚恋中的男子来说，恋人和妻子是截然不同的两个概念。为何这些男性会有这样的心理特征？原因就在于，一些男性从内心深处不愿意承担责任，更愿意选择无拘无束的生活。

威尔博士曾这样表示："很多时候，男性结婚时都会产生这样一种心理特征——再等一段时间，或许就能遇到我最理想的女性作为终身伴侣了。"男性找女性谈恋爱是为了让生活更富有乐趣，而找个终身伴侣是为了在人生道路上获得更多的关爱和支持，这有着本质的差别。

而在另外一项关于婚姻心理的调查中，当1000对夫妇被问及："你爱你的爱人吗？"仅有十分之一的人会不假思索地回答"爱"。从男性的心理层面分析，这种现状的症结究竟在哪里呢？**威尔博士认为，男性的情感从他步入婚姻殿堂那天起就开始走下坡路了：男性神经质地发抖，表现出极度的焦虑，产生逃避现实的想法。**

结婚后，男性为了维护婚姻关系，要继续做出忽视自身真实情感的行为。比如：

（1）当男性遇到一些烦心事时，他会选择将苦闷压制在心底，不了了之；

（2）当男性缺少激情时，他的内心会产生极大的压力，甚至开始怀疑自己的身体机能出现问题；

（3）有时男性工作完成后会不想回家，但为了尽到丈夫的责任又不得不回家，哪怕是回到家后精神萎靡不振；

（4）午间休息，男性即使不愿意，也要打电话给妻子，因为他知道这样才能满足妻子的心理需求；

（5）当他和妻子去拜访他人时，为了满足妻子的心理需求，不得不违心地在别人面前扮演好男人的角色，实际上，他对这一切毫无兴趣。

……

男性的很多行为都是不情愿的，只是为了克服自身消极情感的需要而已，如此一来，这样的婚姻就不可避免地成了男性的负担，让男性承受巨大的心理压力，最终导致婚姻破裂。婚姻破裂之后，男性长期被压抑的情感才得到缓解，而在这之前，男性更多的是自我批评，恨自己没有做到让妻子更加认可自己，或者抱怨没有与妻子相处得更好。

现实中，有一些男性大学一毕业就被父母催促结婚，这或许是个悲剧，因为他们的情感远远没有得到充分的发展，职业和思想也没有受到足够的教育，还没有获得可靠的经济基础。在这种情况下，经济负担和被压抑的情感便压在了男性的心头，并束缚了他们的手脚，让男性陷入一种仅仅为了维持生存的尴尬处境中，久而久之，他们的身心便受到了严重的摧残。从男性早期的心理特征分析，他们的婚姻缺少足够的基础来满足他们的心理需求。

总是有一些女性抱怨自己在婚姻中是受压迫的一方，其实这种说法并不完全正确。虽然女性也被婚姻关系束缚，也会对婚姻产生恐惧心理，但男性的心灵更容易受到各方面的创伤。因为一些男性在对待婚姻的问题上还缺少充分的准备，在这种情况下就容易否认和压抑自己最真实的个性，因此，男性在维持婚姻关系时，会不断掩藏自己最真实的个性。

威尔博士就此得出这样的结论：对婚姻的恐惧并不是女人特有的，男人同样也有，只不过男人更懂得将这种心理掩藏在内心深处罢了。

在日常研究中他发现，两个原本相爱的人在即将步入婚姻殿堂的时候，总会出现种种问题，而这些问题大多是心理层面的。比如，两个相处五年之久的情侣在商量如何筹办婚礼时，男方却提不起精神，甚至有了逃避婚礼的想法，对此，女方感到特别不理解。于是她就追问男朋友为什么出现这种情况。男朋友的回答却让她倍感意外，他说："五年的爱情长跑让我们建立了深厚的爱恋关系，这种关系非同一般，双方也发誓要给予对方幸福。可是，在即将把你娶回家的时候，我的心里却发生了激烈的波动，感到前所未有的压力。因为结婚之后我不仅要履行带给你幸福的责任，还要与你共同维系美好的生活。我甚至担心有一天我做得不够好，你会对我横加指责，甚至背弃当初彼此许下的'携手到老'的承诺。这一点令我非常苦恼，生怕这样的遭遇发生在自己身上。"

或许有人会认为男性产生的这种心理只是捕风捉影，实际上，在现实生活中有这种心理的男性不在少数。这些男性经历了令他们难忘或者苦苦追求的爱情，但当爱情降临到他们身上时，他们却开始犹豫了，内心也泛起了波澜，甚至产生"她能否真正给我带来幸福"的疑问，迟迟做不出决定。

归根结底，这种恐惧心理实际上是对未来婚姻生活是否美满的不确定性。对此，威尔博士告诉人们这样一句话："当爱情降临到你身上时，不要犹豫，要付出真心认真对待，这样才不会留下遗憾。当你对婚姻生活感到力不从心时，请忘掉那些让你不愉快的经历，重振信心，让自己恢复幸福生活，这样才是维系婚姻的关键。"

第7章

自然疗法：心灵与自然的互换

英国一些研究人员分析了宠物对高血压、精神分裂症等患者的影响，结果显示，宠物狗可以降低高血压患者的血压和胆固醇水平；能帮助精神分裂症患者冷静下来，并学会从事社会工作；对心脏病患者的快速恢复有不可忽视的作用，并且可以降低复发概率；可以帮助癌症患者度过难熬的化疗期。研究还表明，狗的嗅觉非常灵敏，能嗅出恶性黑色素瘤和糖尿病患者的低血糖等。

1. 神奇的海豚治疗术

2013年，俄罗斯电视台播出了这样一则消息：一名小女孩患有脑瘫，虽然家里为她四处求医，最后都失望而归。这个小女孩行动不便，表达和行走的意愿偏弱，只要出门，就得由大人抱着。

后来，小女孩的家长听说在黑海有个海豚治疗中心，那里有经过专业训练的海豚，海豚和孩子嬉戏相处时，会发出某种信号，刺激孩子的大脑神经，对自闭和脑瘫的孩子很有帮助。这个中心接收全世界的患者。小女孩的家长马上联系，将孩子带去那里，开始了治疗。

治疗的方案为一年两次，每次10天一个疗程，每天下海与海豚相处20分钟。在海中，海豚会时不时地逗孩子，与她玩耍，有时还会亲孩子的后脖颈——这个动作是对孩子大脑神经的治疗和开发。三天后，小女孩的言行都有所改善。几个疗程下来，小女孩已经有了明显的变化，可以背诵诗歌，跟小朋友们相处和表演时也没有自卑感了。

现在，在中国的深圳和大连也建起了这样的治疗中心。虽然目前对海豚疗法还有一定的争议，但一些实例证明，与海豚一起嬉戏绝对是一种对身心有益的活动。

海豚属哺乳纲、鲸目、齿鲸亚目之海豚科，喜群居，有惊人的听觉和超声波回声定位系统，有高超的游泳和潜水本领。海豚的大脑非常发达，是迄今为止发现的除了人类，其他动物中最发达的脑袋。海豚的前额有一个巨型隆起结构，正是它起到了"声透镜"的作用，把超声波聚焦后发射出去，遇到目标后反射回来，被海豚的耳朵或头部其他器官接收。

相关科研人员在对海豚的研究中有惊人的发现，海豚能发出7000Hz ～120000Hz的高频超声波，这种声波能激活人脑中处于"休眠状态"的神经元细胞。这对于处在发育期的胎儿和儿童的中枢神经系统来说，有很好的促进作用和医疗价值，一些脑部发育有缺陷的儿童在与海豚相处一段时间后，症状有明显改善。对此，武汉新世界水族公园海豚帮助脑瘫孩子康复训练的医学指导专家、武汉中医院儿科专家周正红教授认为，海豚确实能够刺激儿童对外界的反应。曾任北京大学人民医院神经外科主任的石祥恩教授认为，增加孩子说话和活动量在脑瘫患儿的康复中是很关键的一点，因此，要利用各种机会和小孩说话，鼓励孩子多接触新鲜事物、多做游戏，而与海豚接触对孩子的情绪有可能起到一定的影响。

在国外，如美国、澳大利亚，也都成立了海豚治疗小儿脑瘫的中心。一位神经生化教授认为，从现今的一些理论来讲，海豚治疗脑瘫还是有可能的。他说，现代医学和生命科学相对于数学和物理要落后很多，生物之间的许多相互作用我们现在还不十分了解。而作为能与人类友好相处的海豚，它可能有一些特殊的、人类目前还不了解的方法同别的生物进行交流，或许是超声波，或许是电和磁。

这位教授还认为，脑瘫是由于大脑负责运动以及与运动相关的，甚至包括其他感觉功能的神经元遭到损坏，从而无法使其正常发挥作用的一种综合征。而幼儿的最大特点就是可塑性强，因为处于生长发育阶段，细胞再生能力很强，而通过诱导，细胞是可以变化的。国外曾经有一篇论文指出，神经元可以在诱导的情况下再生，所以儿童的神经元在海豚的诱导下发生变化也是很有可能的。

对于海豚治疗儿童脑瘫、神经性障碍、唐氏综合征（先天性痴呆）、儿童自闭症等，国外的很多专家都持认可态度。在墨西哥，就有海豚治疗儿童自闭症的康复中心，经常出现下面的景象：游泳池里，一只身躯庞大的海豚正缓缓游向一个小男孩，小男孩患有自闭症，当他看见海豚游向自己的时候，吓得大哭起来。但当海豚轻柔地在他的小脸上蹭来蹭去，并发出吱吱的叫声时，小男孩破涕为笑，忘记了恐惧，与海豚玩耍起来。这家康复中心用海豚帮助治疗自闭症儿童，已经有20多年的历史了，这里有三只海豚，它们在治疗师的指导下对自闭症儿童进行"温柔、耐心"的治疗，取得了一定疗效。许多自闭症儿童就是在同海豚嬉戏时说出了生平第一句话。

这家康复中心的主任米萨埃尔·基罗斯博士说，海豚疗法的效果很好，90%的儿童在经过短短的几次治疗后病情有了明显好转。一位名叫马里奥的两岁小男孩是一名典型的自闭症儿童，他整天不声不响，目光呆滞，对外界毫无反应，沉浸在自我世界里。自从来到康复中心，几次同海豚"交流"，他的情况有了很大改善，对外界有了认知，也开始关注别人的活动，甚至变得有些调皮了。

美国神经病理学家大卫·纳泽森说，虽然人们还无法对海豚治疗法的机理有更清楚的认识，但是可以肯定，许多患有先天缺陷和自闭症的儿童在经过海豚治疗后病情好转很多。对此，心理学家无法给予科学的解释，不过，纳泽森猜想，作为高智能动物，海豚能与儿童进行心灵沟通，并且海豚和蔼可亲的外表和善意的举动也十分受儿童的喜爱，它温柔而敏感的动作能刺激儿童对外界的反应。因此，在对儿童的治疗中，海豚比心理治疗师起的作用还要大。

2. 谁来拯救星星的孩子

　　澳大利亚昆士兰大学的研究人员发现，让自闭症儿童去接触动物是有一定好处的。这种接触，可以增加自闭症儿童的一些积极的社会行为，使得他们与外界的交流增多，从而帮助改善他们的自闭症。

　　"动物辅助治疗"这个专业名词，在德国已经有一段历史了，它针对的主要是有行为障碍、发育缺陷、动作不协调以及严重的精神和身体缺陷的儿童。越来越多的研究都表明，动物对于这样的治疗很有帮助。在儿童与动物的接触中，动物能够赢得孩子的信赖，激发孩子的活力，因此成为这类儿童最真诚、最天然的心理医生。

　　在精神上受到伤害以及有行为障碍的孩子，一般都有不幸的经历，如受到虐待或者父母中的一个已不在人世，这些孩子会变得很内向，甚至自闭。对于他们来说，跟动物打交道比跟人交往要容易得多。那些动物往往能够直达孩子的心灵，在孩子需要亲密或需要距离的时候，这些动物对孩子会有适度的影响。在德国，有一些能为孩子提供术后服务的"儿童农场"，医生会根据孩子的病情，安排他们不定期地待上几个小时，或是每个周末都来，还有一些孩子需要在农场住上一阵子。此类研究早已证明，动物能够激发孩子好动的天性，让孩子忘记伤痛，变得更加勇敢，对他们的心理和生理恢复都是大有益处的。

研究发现，动物是用身体对外界做出反应，它们发出不同的声音，表达不同的感觉，而孩子也喜欢用身体语言进行表达，越小的孩子越是如此。动物也能明确地将自己的喜怒哀乐表达出来，可以敏感地觉察到它是否受到喜爱或者忽略，这些与孩子的特性很相符，因此，孩子和动物之间可以很好地沟通，相互建立起理解，并给彼此带来快乐。

同样，在美国的精神科临床个案报告中，也有自闭症儿童与特定动物，如与猫狗有亲密关系的案例。案例显示，患者的暴力倾向不会出现在与自己有互动关系的动物身上，而且患者还能主动承担照顾动物的责任，给其喂食及清理排泄物。这个结果，对于医学界不能不说是一个极大的震动。

有具体的医疗数据显示，动物疗法可以让人血压降低，稳定三酸甘油酯值，还能减轻一些神经性方面的症状，如头疼、失眠等症状。就心理层面来说，有动物同伴的儿童很少会出现寂寞感。在社会功能方面，有动物同伴的儿童个性都比较开朗，容易被人接受，能够促使儿童人格朝着积极的方向发展，如信赖关系、尊重生命、爱的付出和回馈、责任心的培养等。人在成长中，由于婴儿期完全没有社会化的状态，与动物的本质很相似。婴儿和动物因为有共同的本能和非语言的理解能力，所以他们能够互相理解沟通。

研究表明，在各种文化环境内，儿童与动物的接触都能产生一系列的积极反应。儿童把宠物看成安慰和友情的源泉，是挚友。在儿童眼里，宠物甚至胜过人，因为他们可以与宠物分享秘密，在生病的时候能够获得安慰。例如，有的孩子在学校受到嘲笑或在家里遭到训斥，就会退缩到一旁，和不会搬弄是非的宠物厮守，向猫或狗倾诉委屈，并获得安慰，从而摆脱悲伤的情绪，在自己独有的世界里得到安全感。一些孩子因为害怕受到训斥和嘲笑，会敌视父母和同学，无法和任何人分享内心深处的感情，在这样的情况下，与宠物交流就成为他们获得安慰的源泉，而宠物的各种小把戏对孩子来说，就是最具安慰性的语言。**实验证明，儿童在接受体检时有一条狗在场就会感到轻松**。在蒙受严重战争创伤的克罗地亚，战争遗留给饲养狗或者猫的小孩子的精神伤害最轻微。

大量研究也证明，性格内向不善交际的儿童，可以从宠物身上获得自信，因为宠物会毫无保留地将它们的关爱给予孩子。在所有儿童的成长过程中，都会经历这样一个时期，就是他们渴望有人以他们的本来面目对他们加以接受和认可。

而在对自闭症儿童的研究中发现，这些孩子从宠物身上寻求友谊和安慰的方式与对待家人的方式完全不同。他们对动物的需求更加敏感，喜欢抚摸小动物。大家知道，自闭症儿童由于存在明显的语言发育落后以及社会交往能力的障碍，一般情况下，他们只会用哭闹、喊叫、自伤或者攻击他人来表达情绪。而且，对于父母的离开或家庭的变故，他们不会表现出焦虑、恐惧、害怕或紧张。对于父母的离去，他们并不会表现出任何依恋，跟没看见一样，毫无反应。有的孩子把父母看成陌生人，假如父母有事暂时离开，等到归来时，他们就好像从来不认识一样。而就是这样一群孩子，在和小动物的接触中，却能表现出与动物的亲密感，这不能不让医学界感到震惊。

为此，许多研究自闭症儿童的医院，都将动物治疗作为治疗手段。在德国的巴伐利亚就有这样一个庄园，在这里，马、狗、驴、羊、猪以及鸡和鸭等动物都被作为帮手，引入小病人的心理治疗过程。

当然，因为每种动物都有完全不同的个性特征，所以，不同的动物适用于不同个性的孩子。

安迪是一个四岁的小男孩，闹起来无法无天，身体里有耗不尽的能量。在对他的治疗中，医生们请来的帮手是毛驴，他们为安迪布置了一个有毛驴参与的游戏。于是，安迪开始试着向毛驴走去……

毛驴是很倔的动物，平时总是郁郁寡欢的样子，只有高兴时才会动一动。因此，遇到了这样一个比他还要以自我为中心一千倍的动物，安迪终于意识到：自己必须做出一些调整，才能应对眼前的局面。

　　而在另一个案例中，医生让一对小乌龟夫妇作为助手，来帮助治疗小患者。小米是一个五岁的小男孩，患有严重的自闭症。而乌龟是自闭症孩子最好的治疗伙伴，因为他们之间有一个共同点，就是都以一定的距离观察世界，喜欢有自己的空间。乌龟也是没有太多欲望的动物，不喜欢踏入他人的生活，而这对于小米来说是一种很舒服的感觉。治疗最初，小米谁也不敢看，可是一段时间后，他已经可以在大家的注视下把刚刚孵出来的几只小乌龟从容器里小心翼翼地拿出来。这对于自闭的小米来说，是很大的进步。

3. 老年空巢孤独症：宠物狗怎样帮助老人摆脱孤独症

美国宾夕法尼亚大学研究证实，宠物能消除压力，稳定情绪，松弛心理紧张，预防疾病。比如小狗能帮助人类在生理上深度呼吸，称作"放松反应"。研究表明，如果人们每天进行两次这样的放松反应，每次只需10~20分钟，就能够将压力和焦虑情绪对身体的危害祛除。大家都知道养宠物是需要付出爱心的，而真诚的爱心可以舒缓人体的不适，所以，很多喜欢养狗的人都说狗的存在能增加人的锐气。

人们和没有压力、身心健康的小狗在一起，会感到很轻松。澳大利亚墨尔本的研究人员发现，饲养宠物的人的血压、胆固醇和甘油三酯的水平，相对不饲养宠物的人要低一些，因为这些脂肪物质和心脏病有密切关系，所以说，小狗就是一针强心剂。

英国一些研究人员分析了宠物对高血压、精神分裂症等患者的影响，结果显示，宠物狗可以降低高血压患者的血压和胆固醇水平；能帮助精神分裂症患者冷静下来，并学会从事社会工作；对心脏病患者的快速恢复有不可忽视的作用，并且可以降低复发概率；可以帮助癌症患者度过难熬的化疗期。研究还表明，狗的嗅觉非常灵敏，能嗅出恶性黑色素瘤和糖尿病患者的低血糖等。

北爱尔兰贝尔法斯特皇后大学的威尔斯博士说，养狗可以增加人们的活动量和社会交流，从而间接地促进他们的生理和心理健康。因为养狗者每天要带着狗出去散步，要帮助它们清理皮毛，而这自然就增强了养狗者的体质，还让他们学会了关心他人。

北京师范大学心理学院曾随机选取了北京700多个"空巢家庭"进行研究，结果显示，养宠物的空巢老人无论在身体和心理方面都更加健康。对此，一些国外的专家也进行了调查，结果显示，老人所需要的安全感、价值感、被爱和被需要的感觉，都可以由宠物提供。研究还表明，养宠物者社会形象更好，社交机会更多，而这一切也大大提高了他们对生活的整体满意程度和幸福感，从而缓解了他们的生活压力，减少了不幸的发生。

现在，社会上有很多空巢老人，这些老人一旦不能很好地调节心理，便可能出现孤独感，而强烈的孤独感对老人的身心有极强的危害。因为空巢老人的孤独感不同于孤独生活本身，它使老年人认为自己被世人拒绝和遗忘了，从而产生与世隔绝的主观心理感受，这是与人交往的需要不能满足的结果。相关人士在对一些老人的调查中发现，40%的老人有孤独、压抑、无处诉说心事的感觉。如果身体不好，就更会对自身的生存价值有所怀疑，甚至产生抑郁、绝望的情绪，有人将老年人的这种心态称为"老年空巢孤独症"。

当然，引发老年空巢孤独症的原因有很多。

首先，是人际反应特质不同。

不同的人际反应特质，造成了人们对人际交往需要的不同强度。有些人交往的需要不是很强烈，不希望受到别人的干扰，即便儿女并不在身边，也没有孤独的痛苦。而有些人则完全不同，他们交往的需要很强，面对空巢生活就比较容易感到孤独。

其次，是气质类型不同。

心理学家把人的气质分为四种类型：胆汁质、多血质、黏液质和抑郁质。大量研究表明，在气质类型上，黏液质与抑郁质的老人更容易产生孤独感。因为黏液质的老人沉着冷静，情绪慢而弱，待人比较冷漠，不容易袒露内心，而抑郁质的老人多愁善感，胆小孤僻，所以也容易产生孤独感。

另外，是自我认知不同导致的孤独感。

孤独的老人往往自我认知不足，容易过低地估计自我，看不到自己的长处，总是处于自卑中，因此，在与人交往中，他们总是喜欢拿自己的短处跟他人的长处相比，比如认为自己的家庭出身、社会地位和工作单位都不如别人，于是在这样的比较中，自己越来越泄气，便逐渐有意识地疏远他人，陷入更狭窄的生活圈子中，从而加重了自身的孤独感。

如何能让陷入孤独的老人摆脱这种不健康的心理呢？大量调查发现，饲养宠物是一个行之有效的办法，尤其是饲养小狗。

美国得克萨斯州有这样一位老人，他有三个子女，其中两个是外交工作人员，常年生活在国外，另一个是演员，也很少回家。老人的妻子几年前去世了，家里只剩下他自己。老伴刚去世的时候，几个孩子还能在百忙中抽出点儿时间陪他，可是日子久了，孩子们也渐渐地消减了这份心。有差不多整整一年的时光，老人独自在家里，本来天性乐观的老人，由于独自生活，性格开始转变，由原来喜欢说笑变得经常一个人对着远处发呆。一次偶然的机会，小儿子回家发现了父亲的变化，他立刻意识到再这样下去对父亲的身体健康会有很大害处，于是小儿子带着父亲出去玩了一段时间。在与大自然和小儿子的接触中，老人的心态有了一些好转。可是，小儿子终究还是要离开家出去工作，小儿子要走的时候，老人开始表现出烦躁的样子。小儿子看到这一情况很是担心，为了让老人摆脱孤独，他给父亲买了一只小宠物狗，希望它能和父亲做个伴，帮助父亲打发无聊的时光。

老人起初并不喜欢这只小狗，觉得照顾它是件麻烦事，之后，老人渐渐地喜欢上它，每天给它喂食、洗澡。小狗也很乖，每当老人为它做这些事情的时候，它就像一个听话的孩子，乖乖地接受老人为它做的一切。它常常在洒满阳光的院子里，依偎在老人的脚下，老人坐在椅子上，时不时地与它说话。它好似听得懂一般，将毛茸茸的小脑袋靠在老人的腿上，这时老人就会爱怜地将它抱在怀里，它用那双大眼睛瞧着老人，或者眯起眼睛静静地躺在老人怀里。就这样，老人和小狗成了相依为命的伴侣。

老人也会经常带着小狗出去玩，一起在家附近遛弯，也由此，老人结识了很多跟他类似的人。他们经常一起交流养小狗的经验，分享他们与小狗之间有趣的事情，有时还结伴带着小狗去郊外，小狗们在郊外嬉闹的时候，也是老人们最快乐的时候。后来这位老人说，是养狗让他重新过起了有规律的生活，由于每天要给小狗喂食，带它外出散步，也促使他按时用餐、坚持户外活动。而在遛狗的过程中，他经常会碰到一些熟人，甚至也会和陌生人说话，因此小狗也让他增加了社交的机会，改善了心情。他说自从有了小狗，他又变回了开朗的自己，孩子们看到他现在这样也安心了。

第 7 章　自然疗法：心灵与自然的互换

4. 猴子老人：弗洛伊德探寻的秘密

　　20世纪20年代初期，奥地利文化之城萨尔茨堡接连出现了一种奇特的现象：一些穿着体面的老人养起了猴子，他们不仅与猴子非常亲密，还将猴子牵到人多的地方卖艺。虽然很多人认为这是老人们的爱好，但还是有人对此进行了推测，认为老人养猴子的背后一定蕴藏着一些不为人知的秘密。弗洛伊德就是对此事抱有很大兴趣的人，在他看来，老人养猴子并不只是兴趣那样简单，而是隐藏着一些奥秘。

　　那么，老人养猴子究竟有什么奥秘呢？弗洛伊德对此进行了观察和研究。首先，他尝试接触一些养猴子的老人，以此作为研究的突破口。经过一番周折，他结识了一位70岁的满头白发的养猴老者。通过与老人闲聊，弗洛伊德得知这位老人是位退休的园艺师，家庭条件也不错。为了进一步弄清老人养猴的原因，他与老人进行了下面的对话：

"您有子女吗？"弗洛伊德问道。

"我有一个儿子和两个女儿。"老人漫不经心地回答。

"您的子女不干涉您养猴吗？"

"这个不用担心，他们不仅不会干涉，还会全力支持我。"老人用无奈的口气说道。

弗洛伊德听完老人无奈的话语后，隐约感受到老人一定有什么不愉快的经历，于是继续追问道："您的子女多久回来看您一次？"

老人低头不语，直到10分钟后，他才缓缓地回答："我已经记不清他们上次来看望我是在什么时候了。"

通过对话，弗洛伊德感觉老人将猴子拉到闹市卖艺一定暗藏玄机。于是，他对老人的心理进行了分析：从老人的诉说中得知他的子女很少来看望他，这样一来，他会或多或少地感到孤独，为了将内心的孤独感释放出去，他养了猴子。虽然他与猴子之间建立起了类似与儿女的感情，但这种情感并不能让他得到最大程度的满足，他的内心渴望子女能够经常来看望他，于是他将猴子拉到闹市卖艺，以期引起子女的注意。

需要说明的是，老人养猴子并将其拉到闹市卖艺并不是为了生计，因为老人从不缺钱。老人这样做与其说是在跟子女赌气，还不如说是他渴望子女来看望他，当这种心理需求足够强烈时，便会做出一些在常人看来无法理解的事情。

也许有人会问："老人心理上会有哪些需求呢？"对此，弗洛伊德解释道："很多时候，老人也存在一定的心理问题，当这些心理问题不能及时得到解决，老人就会做出不理性甚至是令人不可理解的事情。"他通过对老人心理的研究发现，老人退休后便赋闲在家，子女很少回来与他团聚，即使是重要的节日也不例外，在这种情况下，老人经常会出现焦虑不安、孤单失落的心理状态。

当老人出现这些情况，就会渴望被关注和被关怀，可由于子女很少来看望他，又找不到释放的出口，老人便产生了强烈的改变现状的想法，以至于他通过养猴子并将其拉到闹市卖艺的方式来让内心得到平衡。

其实，发生在老人身上的这种心理特征非常常见。案例中的老人就是因为日常生活过得无聊，子女很少回来看望他，心理变得孤独，于是他渴望受到关注。这是每个人在人生发展过程中都会遇到的心理变化，只不过在心理不平衡的时候，很多人并不会做出养猴老人的举动罢了。

弗洛伊德认为，老人心理的不平衡虽然是常有的心理现象，但这是可以预防的。心理产生出渴望被关怀的感觉，老人就应该将自身的想法告诉子女，子女得知后，想办法缓解老人的不安，比如常回家陪陪老人，老人渴望被关怀的心理得到满足后，就不会做出让人无法理解的事情了。

第 8 章

沙盘游戏：盒子里的心理治疗师

里卡多在沙盘中放置了三个个性迥异的小动物，分别是仙鹤、蜜蜂、白兔。卡尔夫解释说，由于里卡多原本是属兔的，所以在他的潜意识中，自己和兔子的一些特性是相似的：温柔，敏感，繁殖能力强，同时也显得优柔寡断，容易逃避。卡尔夫将这种共性延伸到里卡多身上，认为他的内心也是非常犹豫、很难做出决断的。兔子对于自我复制的渴望，反映到里卡多身上就成了婚外情，这一点从他摆放的三个相互眺望的动物模型上就可以略知一二。

再看看另外两种动物的特性：蜜蜂代表勤奋和温馨，同时也有蜇人的毒刺。在里卡多的潜意识当中，蜜蜂就是妻子的喻体，她对于家的支持和付出是非常令人感动的，但与此同时，她又是里卡多婚外情路上的拦路虎，这就是"毒刺"的隐喻。而另外一个仙鹤模型，则是情人的指代物。在大众观点中，仙鹤是高贵、唯美、不宜靠近的，这样的判断同样也与"情人"的特质重合。

因此，卡尔夫认为里卡多正陷在一场三角恋情中，并且影响了儿子的婚姻价值观。

1. 沙盘游戏的来龙去脉

　　沙盘游戏是以荣格心理学为基础，由瑞士心理学家多拉·卡尔夫创立发展的心理治疗方法。一盘细沙，一瓶清水，一架子各式各样的物件造型，加上治疗师的关注与投入以及来访者的自由表现和创造，就构成了沙盘游戏的基本要素。在自由和受保护的空间气氛中，这些要素被运用在富有创意的意象中，便是沙盘游戏的创造和象征模式。

　　其实，这个游戏的起源也跟儿童的早期教育及心理辅导有密切关系，它的基本思想是自由与保护、治愈与发展以及发展与创造，这些都符合儿童心理教育的基本主张。

　　1944年，多拉·卡尔夫通过孩子的交往，认识了荣格的女儿格莱特·荣格，接着认识了荣格。1949年，卡尔夫在瑞士的苏黎世荣格研究院开始了六年的学习，并由荣格的夫人爱玛·荣格为她进行心理分析。为了便于学习，她在研究院附近买了一栋古老的房子，在这座庭院中，有美丽的喷泉，"沙盘游戏"就此有了理想的出生地。后来，卡尔夫让荣格的儿子皮特来帮忙装修房子。皮特是一名建筑师，又有分析师的灵感，房子装好后，荣格很是羡慕，跟卡尔夫开玩笑说要与她换房子。

1954年，卡尔夫参加了洛温菲尔德在苏黎世的讨论，由此引发她的梦想——寻找一种可以帮助儿童分析的方法与途径。就这样，卡尔夫决定去伦敦跟随洛温菲尔德学习其"游戏王国技术"。卡尔夫将这一想法告诉了荣格，荣格对卡尔夫的计划给予了鼓励和支持。于是，卡尔夫去英国开始了她的"游戏王国技术"学习，并在此期间跟随维尼考特学习了一段时间。以儿童发展理论而著称的荣格心理分析家麦克尔·弗德汉姆为卡尔夫进行过指导。一年后，卡尔夫从英国回到瑞士，她把洛温菲尔德的"游戏王国技术"和荣格分析心理学相结合，还融合东方思想，创造出了一套全新的理论。为了与洛温菲尔德的"游戏王国技术"区分开来，卡尔夫用"沙盘游戏"为自己的理论命名。

"沙盘游戏"的关键词有三个："沙""盘"和"游戏"。

在沙盘游戏中，材料很简单，只需规格一定、内侧涂成蓝色的箱子用来装沙子，沙子有干沙和湿沙两种，还有一些必备的沙具：人形玩偶、动物、植物、建筑物、交通工具以及生活用品的模型等。

游戏是儿童的天性，儿童喜欢沙子，对沙子有一种与生俱来的喜爱。两个沙盘中，一个用于"干沙游戏"，另外一个则可以加水进去，用于"湿沙游戏"。湿的沙盘更容易玩出搭建城堡、挖洞建桥等游戏效果。

　　在这个游戏中，卡尔夫融汇了东西方文化的智慧，东方思维中禅宗和道家思想对其疗法有很深的影响。禅宗注重"内观体验"和"活在当下"，讲究在修炼中对世界对人生的真实思考、整体把握和顿悟，这跟沙盘游戏的共感体验和内敛含蓄的精神是一致的。而道家思想中的"顺乎自然，无为而化"，也跟沙盘游戏治疗的重视来访者自愈力的理念不谋而合。

2．唤醒"沉睡的内心"——沙盘游戏的奥秘

上面我们提到，卡尔夫的"沙盘游戏理论"借鉴了洛温菲尔德的"游戏王国技术"，而洛温菲尔德在儿童行为方面颇有建树，她曾于1937年做过一次公开演讲，卡尔夫正是在场的数百名听众之一。按照"游戏王国技术"，每个人遭遇的心理疾病、情感困扰，都跟自己的童年经历有密切关系，而通过无拘无束的游戏，人们可以顺利唤醒自己"沉睡的记忆"，这一点无论是对患者本人还是心理治疗师，都是非常重要的。

对于"游戏王国技术"，卡尔夫自己也深有体会。她出生于瑞士巴登–符腾堡州的一个小城，童年时期长辈的忽视和父母的责备，给她造成了非常深远的影响。在这种情况下，成

绩平平的卡尔夫没能考上大学，在与荣格相遇之前，卡尔夫已经和丈夫离异了。

现实生活的困境让卡尔夫开始思考：问题到底出在哪里？当所有的疑问和童年记忆联系起来，一切也就迎刃而解了。在荣格及其女儿格莱特的帮助下，卡尔夫的沙盘游戏治疗术的雏形终于完成了。这套新奇的理论一经问世，便引起了业界的广泛关注。事实证明，通过沙盘游戏，真的能够让原本抑郁封闭或者是脾气暴躁、情绪波动大的患者恢复宁静，渐渐摆脱这些心理疾病的困扰。

可以说，卡尔夫的成功是与荣格的指导分不开的，心理学大师弗洛伊德在很多方面也给了卡尔夫很大的帮助。在提出沙盘理论的简单构想后，荣格又引导她将东方元素，比如太极、阴阳、藏传佛教，甚至是日本禅宗，融入了理论模型当中。有了这些元素的加入，卡尔夫的沙盘治疗理论才最终完善。

在沙盘治疗理论中，治疗师会提供给参与者两堆沙子，一堆干燥的，一堆潮湿的。为了最大限度地唤醒参与者心中"沉睡的部分"，心理治疗师还会提供一些清水以及参考用的模具。而参与者要做的，就是全身心地投入其中，用手中的沙子堆砌出各种造型。

起初，人们对于这种简单的心理治疗手段持怀疑态度，但是荣格和卡尔夫总结出了一套完善的理论体系，以解释沙盘游戏治疗术的奥秘。

（1）自由和受保护的空间

在做沙盘游戏的时候，参与者需要全身心地投入游戏，这时他的状态就是完全自由、不受任何限制的。说到底，沙盘游戏的规则就是不限制游戏者的行为，通过这种自我开发的方式将参与者引入自己的内心世界。也就是说，玩沙盘游戏能够让一个人不断地探索、认知自己，这是一个自我修复、自我治愈的过程。

而"受保护的空间"则是人们与生俱来的自我保护意识在作怪。人们对于外界因素有非常强烈的排他性，如果走向极端，就会表现出自我封闭、交流障碍。针对这种状况，荣格指出，现实生活中，人们会遇到各种压力和阻碍，而一个与世隔绝的空间就能解决这个问题。当我们全身心投入到娱乐中的时候，就会不自觉地将自己同外部世界隔绝开来，形成一个理想的个人空间。毫无疑问，这可以让一个人产生"受保护"的错觉，更容易释放自己的原始本能。在这里，治疗师利用沙子、水和沙盘这样的过渡性客体，将人们带入了安静平和的状态。安静的外部环境和宁静的内心世界产生美妙的共鸣，将心中的郁结释放出来，重新接纳外部世界，也就顺理成章了。

（2）无意识状态下的自我修复

荣格认为，刻意完成某件事物，那么最后的结果很可能是不完美的，只有抛开功利性目标，才能得到相对完美的结果。简单的沙盘游戏，会不自觉地让人沉迷到娱乐的快感中，这种忘情的状态，实际上可以为大家提供最好的治疗时机。

对于大多数患者来说，让他们一直处于"接受治疗"的自我暗示当中，他们会在潜意识中形成反抗，不自觉地关闭面向外界的那扇大门。很显然，这种治疗是不能彻底治愈患者的，而处于"无意识"状态中的患者更容易痊愈。

（3）自我肯定

沙盘游戏还可以通过不断引导，让参与者走进一种自我肯定的状态中，以此治愈自己的心理创伤。在卡尔夫看来，沙盘游戏可以让患者主动开发自己的能力，不断去追求和创造，这种精神状态是非常宝贵的——内在的调节加上良好的外力帮助，治愈的可能性也就极大地提升了。

3．沙盘中的心理世界

沙盘游戏治疗的具体操作步骤为：

（1）向来访者介绍沙盘游戏中沙和水的使用，介绍各种模具的类型以及摆放的位置，让来访者感到安全、自由，让他们明白这里有供他们用于任何形式创造的模具；

（2）治疗师帮助来访者以一种自发游戏的心态进入创造沙盘世界的境界，达到自由地表达内在感受的状态，帮助来访者唤起"童心"；

（3）当来访者开始摆放沙盘世界时，治疗师遵循的是"非言语的治疗"原则，尽量保持一种守护性和陪伴性的观察和记录，努力与来访者进行沙盘交流；

（4）沙盘摆放完成后，治疗师陪同来访者对沙盘世界进行探索，并对沙盘世界进行深入体验和经历，还要在适当的地方给予共情，在必要的情况下提出建议性、隐喻性或提问性的诠释；

（5）对沙盘世界进行拍照记录，目的是将整个沙盘游戏的疗程记录下来，也是对这一心路历程的一个纪念。

沙盘游戏的操作，是在心理分析基础上进行的，"无意识原则""象征性原则"以及"感应性原则"，都是沙盘游戏的治疗关键。沙盘游戏中的要点包括以下几个：

（1）得之于心

怎样开始沙盘游戏，是治疗中首先要面对的问题。一般来说，分析者可以介绍沙盘和模型，但是否做沙盘游戏则须由被分析者决定。避免出现任何强迫，这是沙盘游戏的第一守则。分析师为来访者做指导时，语言要简单灵活，只须让来访者明白他可以随意去做，做什么都行，可以在沙盘上摆放任何想摆放的玩具模型，构建他想构建的任何画面，这就足够了。来访者若是想做，他就会去架子上选玩具模型。其实，那些不会言语的物件，冥冥之中也在挑选来访者，至少是无意识地透过玩具模型，让来访者表现它存在的意义和作用。

可以说，从来访者双手触及沙子的那一刻，一种心灵感应已经形成，游戏中所有参与的物件和人的创造都被一种感应牵引着，而沙盘游戏的治愈意义，也包含其中了。决定沙盘游戏治疗效果的因素来自游戏者的内心深处，而不是外在的治疗或影响。分析师在其中的作用只是指导和引导治愈，也就是唤醒游戏者的内在指引者，起到守护的作用，发挥陪同与共同的效果。

（2）应之于手

有了心的感应，手的操作便有了深远的意义，手在操作，而心在倾诉和表达。这就是沙盘游戏治疗的独特意义。在游戏过程中，游戏者用他的双手，在勾画着无形的内在感受。实际上，游戏者的每个动作以及触摸到和用到的玩具模型，都可能包含着其个人心理层面或无意识层面的痕迹与记忆，而这种感性的接触，也是在一种自由、保护与安全的心理分析气氛中记忆的恢复和重新体验。在这个游戏中，游戏者虽然对有些玩具模型只是触摸一下，没有用它们，但对于分析者来说，这也是心在表达。从沙盘上留下的手印，到由手的触动形成的沙的流动和沙的形状，都属于沙盘游戏的心理分析内容。

（3）形之于沙

游戏者最终会留下一幅图画，这也是需要重点分析的内容。医生透过图画的形式，在感受游戏者发自心底的表述，感受他的无意识的自发显现。首先需要注意的是游戏者搭建沙盘时所处的位置和分析师的位置。其次，是沙盘图画呈现的方向，是面对游戏者还是面对分析师。最后，是看沙盘图画中能量的流动性，这个可以通过游戏者留在沙上的手动痕迹和沙盘玩具动感来观察。

4. 原型的世界: 阴影原型、智慧老人原型、
上帝原型……

　　在沙盘游戏理论中, 另外一个值得注意的关键点就是模具原型, 治疗师可以通过游戏者使用的玩具推断他心中所想, 探知他的内心世界。

　　而关于原型理论的释义, 众说纷纭, 第一个提出文化原型概念的是英国人类学家爱德华·泰勒, 他认为人类最早的原型文化是隐藏在巫术当中的, 原始人认为万物皆有灵, 那些花鸟虫鱼、飞禽走兽, 都可以与人产生交感。

　　随后, 荣格将这个理念引入自己的无意识理论当中, 认为原型就是一种人类"典型的、始终如一的, 并且有规律呈现

的理解方式"。在他看来，参与者在沙盘中摆放的每个模具，都可以找到对应的"文化原型"，心理治疗师可以据此来评估患者的内心所想。比如，有人在沙盘中放了一个玩具狮子，那么这个"狮子"就不再是简单的玩具，而是代表着王者和对控制力的向往。

随着沙盘理论的不断发展，心理治疗师总结出了几个非常经典的原型：

（1）智慧老人原型

在人类的潜意识中，年长者就是智慧的化身，这是人在幼儿时期对于父母崇拜的延伸和变异。也就是说，人类对于年长者有一种潜在的推崇，将这种观点抽象出来，就成了"智慧老人原型"。在沙盘游戏中，智慧老人往往会被垂钓老翁、摆渡者等代替。在治疗师看来，如果沙盘中出现"智慧老人"的形象，那么患者在潜意识中就是渴望得到帮助、提点的。

（2）英雄原型

英雄情结是人的强者心理以及父系崇拜引发的。具体到沙盘游戏上，如果一个人在沙盘中摆放了高大强壮的足球运动员，或者是雄狮、大象，或者是其他历史伟人等，这就说明了他对于英雄的推崇以及对成为英雄人物是非常渴望的。他试图让自己跻身其中，但是很显然，就眼前的状况来说，这只是一种理想罢了。而对于在沙盘中摆放英雄模型的人，他们或者希望生活当中出现英雄，或者希望自己本身就是无人能敌的超人。这也说明了，他们对于外在环境是充满怀疑和不信任的，并且在内心深处充满了被保护的渴望。

（3）上帝原型

在人类历史上，神灵都代表一种信仰和臣服。在沙盘游戏中，上帝原型往往是由足球裁判、耶稣、真主安拉等来扮演。将上帝原型注入作品中的人，内心世界往往都是空虚、失落的，严重者甚至已经放弃了"自己所剩无几的生命"。当然，并不是说所有玩沙盘游戏的人都会出现类似情况，这是有所指的。荣格自己也说："一个好奇的孩子，他在沙盘中摆放的上帝模型，和一个颓废封闭的中年人摆放的上帝模型，是应当区别对待的。小孩子或许只是出于自己的创造力，而中年人则很有可能已经对现实绝望了。"

（4）人格面具原型

所谓的人格面具，就是指人们在社会交往中公开展示给其他人的一面。这一点和虚伪、欺骗是有所不同的，因为它更多指的是人们的生存状态。具体到沙盘游戏中，治疗师会指着沙盘中的所有玩具，对参与者提出"你是哪一个"这样的问题。当参与者指出具体玩具时，治疗师就需要通过这个意象的身份、职业、功能做出判断。

在一次沙盘游戏中，10岁的小男孩德文·费沃斯在沙盘中摆放了一只狼、两只羊、三条狗，声称最小的那只羊就代表自己。这时，治疗师乔治·库勒做出了如下分析：羊的性格是温和、软弱的，而在它身边虎视眈眈的大灰狼，则构成了羊的世界中最危险的元素。与此同时，猎狗和羊的关系也非常微妙，羊既要依靠猎狗的保护，也要提防猎狗，甚至在很多时候，它们还非常痛恨身边有这样一个步步相随的监控者。

因此，库勒建议费沃斯的父母，不要过分限制孩子的自由空间，应该多鼓励和安慰他。库勒说："这个孩子把自己看作弱小的羔羊，而在他的潜意识中，那三条猎犬就分别代表了他的父母和老师。而那只狼或许并不具备明确的指向性，意味着人们心中与生俱来的灾难意识。在这里，说那只大灰狼是指具体某个人或者费沃斯本身的恐慌心理，也是能够接受的。"

（5）阿尼玛和阿尼姆斯原型

所谓的阿尼玛，指的是男性心理中偏女性化的一面，而阿尼姆斯恰恰相反，指的是女性心理中男性化的一面。具体到现实生活，我们会发现很多外表强大、决不妥协的男子，其实背后都有脆弱敏感的一面。对于这种现象，荣格解释说，男人身上带有女性倾向，女性的内心深处又停留着男性心理，这是全人类的共性。

在沙盘游戏中，如果治疗师发现代表参与者的玩偶附近又摆放了一个玩偶，那么，他就可以通过第二个玩偶的外貌、社会功能，看出参与者的心理诉求，探知他（她）到底是阿尼玛，还是阿尼姆斯。

（6）阴影原型

在每个人的内心深处，或多或少都会有攻击他人、满足私欲的本能冲动，这就是所谓的"阴影"。在沙盘游戏中，怪兽和魔鬼等形象都是阴影原型的代表。如果参与者在沙盘中放置了很多类似的玩具，就说明，参与者内心的郁结非常强烈，亟须释放。

总之，对于治疗师来说，他们能够掌控的，就是通过上述这些原型来探知参与者的内心世界。对于原型理论，荣格也非常推崇，认为所谓的原型，可以非常真实地将一个人的潜意识反映出来，而且在此期间，参与者还不会意识到秘密已经外泄。

因此，只要掌握了沙盘游戏的原型文化，心理治疗师就可以顺利地评估参与者心中到底在想什么，以便对症下药。当然，荣格也很清楚，所谓的原型，更多的是为治疗师提供一些参考，强行对号入座也会带来很多麻烦。

5. 仙鹤、蜜蜂、白兔：里卡多一家人的秘密

一个优秀的沙盘治疗师，可以看到来访者的心理变化，它的理论依据就是：得之于心，应之于手，形之于沙。在现代火炮研发上，有"间瞄"和"直瞄"的区别，一般说来，"间瞄"系统对操作者的要求很高，它可以在看不见实体目标的情况下向对方发动攻击。实际上，沙盘理论也具备同样的功效，高明的治疗师看到采访者完成的沙盘作品后，甚至可以推导出跟来访者有关的第三者，并对这个素未谋面的第三者做出正确判断。

1960年夏，一个头发花白的大叔拜访了荣格的家，他抱怨说，儿子已经32岁了，却依然坚持单身。他来这里的目的，就是希望荣格能够给自己一些有效的建议，帮助孩子走出困境。这位大叔名叫博尔特·里卡多，他的儿子名叫法瑞尔。当天，正好荣格外出，于是卡尔夫和荣格的女儿格莱特接待了客人。

　　根据里卡多的叙述，法瑞尔对于婚恋十分冷淡，而且随着年龄的增长，他越来越厌倦婚姻，一再逃避这个话题。里卡多说，其实他和老伴并不担心孩子年过三十依然不愿意寻找结婚对象，他们害怕的是儿子已经从心底关闭了谈婚论嫁的大门。

　　"我敢保证他的取向不存在任何问题，"里卡多说，"因为在法瑞尔19岁的时候，他曾经领回过一个女孩，两人的关系也很不错，这证明他有跟普通人一样的性取向。"

　　卡尔夫对自己的沙盘游戏非常推崇，她建议里卡多将儿子领到这里来接受沙盘游戏的治疗。对于这一建议，里卡多马上拒绝了，他说："这是不可能的事情，法瑞尔是无论如何也不会接受这么幼稚的治疗手段的。"

　　最后，还是格莱特提出了一个巧妙的办法，她让里卡多就地完成一次沙盘游戏，以此推导法瑞尔的心理状态。

　　很快，里卡多的作品完成了：他在沙盘的中间设计了三座陡峭的山峰，最中央的那座山峰上面，有一只安静的白兔；群山对面是一片湖泊，一只仙鹤从中缓缓而来；在山腰，还有一只努力向山顶爬行的小蜜蜂。

从地理位置上来看，白兔似乎既在盯着蜜蜂，又在眺望仙鹤，显得犹豫不决。看到这幅画面，卡尔夫心里已经有了答案，但为了验证自己的结论是否正确，她还是追问了一句："能说说兔子在你心目中的地位吗？"

"啊，我很喜欢小兔子，它们很温和……当然，这也和我自身的条件有关，因为我的父亲是墨西哥人，那里的小孩出生后都会得到一个相应的属相，而我的属相就是兔，因此我也很喜欢兔子。"

很显然，在这个沙盘中，白兔就是里卡多的喻体。有了这些结论之后，卡尔夫对于里卡多的分析也就更加顺畅了。她进一步询问："现在告诉我，你的内心世界是否充满了矛盾？或者更直接一点儿，你本人对于婚姻的态度，是不是正处在一个岔路口上，而你的孩子也因此受到了极大的干扰？"

在卡尔夫再三追问之下，里卡多终于承认了，除了妻子，他还长时间跟一个比自己小12岁的女人保持着非同一般的关系。

"这样的情形有多久了？"

"具体我记不清了，不知道我们的这种生活维持了多长时间。"

看得出来，对于自己的婚外情，里卡多也很难面对，但他越是极力掩盖，就越能证明他"红杏出墙"的历史之久。于是，卡尔夫又问了一句："那么，对于眼前的状况，你的家人知道吗？他们是如何看待这个问题的？你又有怎样的打算呢？"

里卡多沉默了好一会儿，最终回答："他们都知道，但是没人说什么。这两种生活我都很留恋，我想要将她们都留在身边，虽然这听上去有些荒谬，却是我真实的想法。"

"你应该停止这种生活了，先生！"卡尔夫对他说，"看得出来，你是个有身份的人，但你现在的做法伤害了太多人。因此，不要责怪你的儿子不愿意靠近女性，他只是被你的经历吓到了而已。听我说，每个男人在选择配偶的时候，都会不自觉地拿自己的母亲作为参照物，相信尊夫人已经在你的摇摆不定中变得暴戾了，而你现在疲于奔命的状态也对法瑞尔提出了警告。如果你不停止，那么你的儿子将永远不会从自己的圈子中走出来。"

按照卡尔夫的解释，法瑞尔一方面觉得自己的母亲变得越来越不可理喻，另一方面又看到自己的父亲在两个女人之间不停地周旋，于是患上了"女性恐惧症"，并拒绝结婚。卡尔夫对里卡多说："好了先生，是时候做出决定了。如果你还想让自己的孩子结婚，就马上和那个女人分开吧，尽力挽救自己的婚姻，并且表现在生活中！"

听完这些话，里卡多沉默了很久，最后说："谢谢你们的好意，我会认真考虑你们的建议的。"

半年之后，格莱特收到了一封感谢信，署名正是里卡多，他在信里说，自己已经解决了家庭困扰，法瑞尔也已经和一个温柔的英格兰女子订婚了。

"一切都重归正途了，"里卡多说，"谢谢你们的帮助。"

通过一次沙盘游戏，卡尔夫成功地看出了参与者背后另外一个人的心理特征，这种"看透人心"跟所谓的"间瞄火炮"有非常多的相似点，卡尔夫是如何透视出法瑞尔的心理状态的呢？

（1）通过沙盘中动物的特性置换出其背后隐喻者的心理状态

可以看到，里卡多在沙盘中放置了三个个性迥异的小动物，分别是仙鹤、蜜蜂、白兔。卡尔夫解释说，由于里卡多原本是属兔的，所以在他的潜意识中，自己和兔子的一些特性是相似的：温柔，敏感，繁殖能力强，同时也显得优柔寡断，容易逃避。卡尔夫将这种共性延伸到里卡多身上，认为他的内心也是非常犹豫、很难做出决断的。兔子对于自我复制的渴望，反映到里卡多身上就成了婚外情，这一点从他摆放的三个相互眺望的动物模型上就可以略知一二。

再看看另外两种动物的特性：蜜蜂代表勤奋和温馨，同时也有蜇人的毒刺。在里卡多的潜意识当中，蜜蜂就是妻子的喻体，她对于家的支持和付出是非常令人感动的，但与此同时，她又是里卡多婚外情路上的拦路虎，这就是"毒刺"的隐喻。而另外一个仙鹤模型，则是情人的指代物。在大众观点中，仙鹤是高贵、唯美、不宜靠近的，这样的判断同样也与"情人"的特质重合。

因此，卡尔夫认为里卡多正陷在一场三角恋情中，并且影响了儿子的婚姻价值观，这一点是有理有据的。

（2）父亲身陷婚姻泥淖，儿子潜移默化得真传

分析出里卡多已经在婚姻方面出现了问题，那么他的儿子又是如何深受其害、拒绝婚姻的呢？卡尔夫指出："对于一个家庭而言，父母之间的矛盾会给子女成长带来极大的伤害。很多孩子成人之后不能跟另一半保持和睦，这在很大程度上要归罪于幼儿时代看到过多的争吵。所以，当我们看到里卡多正处在一个剪不断理还乱的环境中时，推导出法瑞尔的心理状态，也就顺理成章了。"

在卡尔夫看来，在自身性取向没有问题的情况下，父亲糟糕、混乱的婚姻状况很可能会让法瑞尔产生极大的心理阴影。与此同时，受伤最深的母亲也会发生明显的变化，而法瑞尔则会由于母亲日益上升的怒气产生"女性恐惧"，拒绝跟其他女士交往。从另一个角度来说，由于婚外情是"隐藏在水面之下的"，在法瑞尔的知觉中，母亲就成了家庭矛盾的制造者，这也在他的潜意识中形成了一种"女性仇恨"。基于以上原因，他拒绝结婚，也就显得非常合理了。

6. 沙盘游戏里的"深蓝儿童"

21世纪初期，俄罗斯研究人员爆出了一个震惊世界的观点，那就是1994年之后出生的孩子大部分都将是"深蓝儿童"！按照他们的解释，深蓝儿童是生物人得到飞跃的标志，因为这些孩子的内脏已经发生了潜在的变化，免疫力也得到了成倍的增长，更可怕的是，他们或许还带有特异功能！换句话说，地球上的原始居民将会逐渐灭绝，一个新的种族将会取代人类的位置，主宰地球！这样的言论到底是真是假，现在还不能妄下定论，但值得肯定的是，不论那些1994年之后出生的孩子是不是真的具备特异功能，他们都不可能逃脱沙盘理论的引导范畴。

乍一听，"深蓝儿童"的确让人不知所措。在俄罗斯研究人员口中，这些孩子已经不能算作传统意义上的"人类"了——他们是一个全新的物种，在各个方面都要超出自己的长辈很多。但是，在沙盘治疗师眼中，所有需要接受治疗的儿童都是一样的，无论你是可造之材还是"笨鸟"，在沙盘面前不存在任何区别。

日本著名沙盘治疗师河合隼雄治疗过很多儿童，根据他的经验，还没有哪个孩子能够抵御沙盘的诱惑。河合隼雄总结说："沙盘游戏的针对面是非常广的，它适用于任何人群，同时也有着非常好的疗效。不管什么孩子，都可以通过沙盘游戏来指导。"

2008年，河合隼雄接待了一个八岁的小姑娘惠子，从年龄段来说，她完全属于新人类的范畴。如果按照俄罗斯专家的观点，河合隼雄在治疗惠子时将会遇到各种麻烦，而惠子殊于常人的表现也强化了这一观点，因为她和其他患者的症状是不一样的。据惠子的父母说，这个只有八岁大的孩子总是喜欢做出各种自残行为，比如用尖锐的物品在自己的胳膊上乱扎乱刺，撞破鼻子后拒绝用纸堵住鼻孔，任由鲜血不停喷洒，等等。

"我没有发现任何不一样的地方，她和其他孩子的治疗过程一模一样。"河合隼雄说，"我给了她一个沙盘，还有很多女孩子喜欢的玩具，结果她第一天就在那里玩了很久。而三个月之后，她就痊愈了。他们曾经试过很多办法，也花费了很多时间，但是我敢肯定我的办法是最好的。"

事实确实如此。在找到河合隼雄之前，惠子的父母带着女儿寻访了很多医生和儿童心理专家，也吃了很多药，一直没能治好孩子的病。直到一位心理学家推荐了河合隼雄，一切才有了转机。

起初，惠子同样很少说话，她将注意力都集中在了沙子上。河合隼雄注意到，惠子最初玩沙的时候，总是喜欢在自己的作品中加入一些悲观、残忍的元素，不断地将玩偶埋进沙堆里，扬起沙子掩盖在它们的身上。

对于这种行为，惠子的父母非常焦虑，他们觉得女儿玩耍的方式过于极端、暴力，几近悲观、绝望。当他们想要上前劝解惠子时，河合隼雄却阻止了他们。在河合隼雄看来，这是惠子自我宣泄、自我调节的方式。

第一天的沙盘治疗结束了，惠子留下的沙堆呈现出掩埋、倒置、残缺的迹象，河合隼雄认为这是一种非常好的现象。

随后的一段时间里，惠子的沙盘越来越温馨了，她的父母也告诉河合隼雄，惠子正在变得容易沟通，爱说话了。三个月后，惠子的父母停止了对孩子的治疗，此时的惠子已经基本摆脱了畏惧交流和自残的困扰。

对此，河合隼雄说："我做这一行已经有22年了，见过很多奇怪的病症，在我看来没有什么困难可以难倒我。"当有人将"深蓝儿童"的观点告诉他的时候，河合隼雄大笑了起来，说道："我听过这个话题，很有趣，但是真假未知。可以说，我接待过很多符合'深蓝儿童'年龄段的孩子，但是他们当中没有一个能对沙盘游戏产生抵抗力。换句话说，在沙盘面前，所有儿童都是一样的。"

　　这样看来，在儿童教育方面，沙盘游戏治疗术是非常有效的，河合隼雄用他的个人经历向大家证明了，沙盘游戏对于每个孩子都是适用的。当然，在"深蓝儿童"是否存在这个问题上，河合隼雄也模棱两可，他只是简单地表示，那些1994年后出生的孩子，在与社会的融合方面难度更大一些，心理困惑也更突出一些。

　　"或许这就是你们所说的'深蓝儿童'。"河合隼雄打趣说，"他们和周围人群有着内在的不同，所以交流起来很困难，同时也让他们感到非常沮丧，精神困扰也就应运而生了。"这虽然是河合隼雄的玩笑话，但是作为"前辈"，我们也应该注意到，进入新世纪之后，有关儿童心理困惑的话题愈演愈烈，采取一些必要的措施帮助、引导孩子走出困境，是非常有必要的。如果父母抽不开身，那么，给孩子买一个沙箱，鼓励他们玩玩沙盘游戏，也不失为绝妙的办法。

7. 在沙盘的理想王国里敞开心扉

1962年，美籍德国著名心理学家夏洛特·布勒在工业重镇斯图加特做了一个简单的测试，当时有12个不同年龄段的人参与了实验。

其实，布勒的实验很简单，她为所有参与者提供了足够的沙子和清水，还有一些像模像样的小型道具，比如屋子、栅栏、牛羊、神像等。等所有人就位，布勒大声喊道："大家只要按照自己的思路去构建就可以了，没有任何限制，也不必有任何心理负担。声明一下，这次活动完全是自发自愿，没有奖品和评委，祝大家开心愉快！"

随后，12名参与者不紧不慢地展开了自己的搭建过程，有人只花费了半个小时就宣布大功告成，而有人一直在不停地搭建，直到旁人表示出不满，才意犹未尽地停止了装饰。

观察完所有人的表现，布勒问一位身材高大的男生："这是一个庄园吧，为什么还要在屋子的四周布满栅栏呢？现在四周都堵住了，你应该留出一条小路来的。"

这个男生的嘴唇动了动，却一句话都说不出来。布勒又拿了一个小动物的模型放进院子当中："让我们看看这样做效果会不会更好……嗯，我觉得院子当中有一头梅花鹿，确实漂亮了很多，你觉得呢？"

围观者都赞扬起来，说这个改动让整个庄园显得更有活力了，没有想到，那位男生却低下头，嘟囔了一句："这太不现实了，梅花鹿是不可能被关在院子里的。"

布勒笑了笑，对他说："这确实是一个很好的问题，那么，你认为把什么动物放进去才好呢？"

这名男生想了想，说："如果是我，我会放一只猎狗进去。"

布勒马上赞美他说："这个选择很好，现在我们有了一个庄园，庄园里面还有猎狗，这样我们就可以出去捕猎了。但是，主人呢？如果他也住在这里的话，就应该给他留一条小路。"

男生听后，默默地搬掉了一块栅栏，这样一来，他搭建起来的庄园就有了小路。

之后，布勒将所有人的表现和他们构建的模型全部记录了下来。散场之前，她还将自己的联系方式留给了在场的所有人。

两个月之后，布勒收到了一封来信，这个人自称名叫道格·施拉姆夫，现年19岁，他来信的目的就是感谢布勒帮助自己走出了心理困境。

"或许您已经不记得我是谁了，但是我依然还是要感谢您的帮助。"施拉姆夫在信里说道，"现在我重新回到了同学们中，他们不再排斥我了，所有人都很开心，谢谢你。"

凭借自己敏锐的直觉，布勒马上意识到，施拉姆夫就是两个月前参加那次沙盘游戏的高个子男生，他当时正经受着非常痛苦的心理摧残。为了进一步帮助这个孩子，布勒马上回复了对方的信件，还邀请这个年轻人到自己的讲堂听课。半年之后，施拉姆夫考上了理想的大学，这其中自然也少不了布勒的功劳。

实际上，布勒一开始就认识到，施拉姆夫是一个有中度自闭症的人。在施拉姆夫看来，外界存在很多危险元素。

"从他布置的沙盘就可以看出，他的庄园被栅栏包围了，外人进不去，里面的人也出不来。"布勒说，"我们知道，每个玩沙盘游戏的人，都是在构建自己的理想王国，这个孩子试图将整个庄园变得与世隔绝。"

正如布勒所说，施拉姆夫是一个单亲家庭的孩子，爸爸在一次车祸中去世了。这件事情让施拉姆夫的性格变得古怪起来，学习成绩也急速下滑，一连休学了两年。等他重新回到校园，那些朝夕相处的同学都已经离开了，更让他难受的是，超过190厘米的身高让他在人群当中无所遁形——他是最显眼的，同时又是最不受欢迎的。

年轻人的叛逆精神让施拉姆夫变得越来越暴躁，他开始凭借身高优势在学生中当上了"老大"。但施拉姆夫也明白，这种权势根本是靠不住的，很多人都对自己表示了屈服，但他内心依然一片空虚，没有一丝安全感。表面上看来，施拉姆夫非常自信，但布勒一眼就看穿了他心中所想，慢慢引导他走上了正确的道路。

　　"我一直鼓励他给庄园开出一条小路，实际上这就是打开心扉的表现。我知道像他这样自闭的人，是很难一下子接受陌生人的建议的，这就需要我去一步一步地引导。"

　　布勒所说的引导，就是通过"给院子当中加入小动物"来完成的。值得一提的是，在这个过程中，她还做了一个"攻心战"，那就是到底在院子里放进梅花鹿还是猎狗的争论。

　　在这里，布勒试图将毫无攻击力的梅花鹿放进院子里，施拉姆夫马上就否定了这一提议，他回答说这是不可能的，正常情况下，一个庄园当中是不会出现梅花鹿的。这实际上是一种主动思维的表现。布勒马上沿着这个思路更进了一步，向施拉姆夫寻求更好的建议，结果施拉姆夫给出了"猎狗"的答案。

　　布勒解释说："每个人都渴望得到别人的尊重，而那些内心充满自卑的人尤其如此。其实对一个人表现出尊敬是非常简单的事情，你只要走上前去，向对方真心实意地提出问题，那种高人一等的优越感，就能够让对方体会到被尊重的感觉。"

　　于是，在布勒的引导下，施拉姆夫的心门终于打开了——

他开始重新评估自己的人生价值，并且主动给布勒写了信。就这样，在布勒耐心的指导下，施拉姆夫最终摆脱了负面心理的影响，考上了理想的大学。

因此，通过一个人在沙盘面前的种种表现，我们可以看到隐藏在这个人内心深处的很多不为人知的秘密。例如，在日常生活中，一些人不断宣称自己的人际关系多么好，朋友们有多喜欢自己，但是站在沙盘面前，他们只是在自己的王国中堆满了小猫小狗，这意味着他们并不是很合群的人，只能和一些不会说话、对自己无限依赖的小动物一起生活。在他的人生中，朋友之间的彼此信任和依赖都是少之又少的。

第8章　沙盘游戏：盒子里的心理治疗师

第 9 章

爬不出的心理地狱：可怕的抑郁症

　　典型的抑郁心境还会有晨重晚轻的特点，即在早晨情绪低落，傍晚有所减轻。很多抑郁症患者会伴有食欲下降或者亢进，体重减轻或者增加，几乎每天都有失眠或睡眠过多，还有一些患者会出现性欲减退，女性患者会出现月经紊乱等。

　　值得注意的是，由于中国文化的特点，一些患者的情感症状并不明显，突出的会是身体的各种不适，以消化道症状较为常见，如食欲减退、腹胀、便秘，还会有头痛、胸闷等症状，患者常常会纠缠于某一躯体主诉，并容易产生疑病观念，进而发展为疑病、虚无和罪恶妄想，但内科检查却发现没有大的问题，相应的治疗效果也不明显。

1. 抑郁症：心理感冒

作为一种"心灵流感"，抑郁现在已成为常见的心理疾病，号称"第一心理杀手"。据世界卫生组织公布，目前全球有四亿人患有抑郁症，预计到2020年，抑郁症将成为世界第二大疾病。

为什么会这样？要知道，情绪是一种能量，是人的心灵、意识和精神世界维护其辨析力和觉察力的动力，是掩藏在人的生理机制后面的生命力，最重要的，它是一种具有流动性的心境，如果缺乏流动，那么人一定是死气沉沉的。情绪缺乏流动的人，他的喜好、探索心、冒险精神、欲望、创意也相应很低，爱的能力也很低，简单来说，就是他对于世界是麻木的。所以，现实中心理出现问题的，通常不是那些情绪鲜明、爱哭爱笑的人，而是那些情绪缺乏流动、情绪表达困难的人。而情绪"堵塞"，就产生了所谓的抑郁。

一个被标定为抑郁的人，会无意识地藏起他的快乐，只有在梦里，快乐体验才会更多地呈现，这也是快乐的人容易做悲伤的梦，而抑郁的人常做高兴的梦的原因。从这个角度来讲，接受抑郁，就相当于接受快乐，反之亦然。

如果用天气来形容，抑郁症就是心情长期"阴天"的结果。各种重大生活事件突然发生或长期持续存在，会引起强烈或者持久的不愉快的情感体验，导致抑郁症的产生。例如，失业、失恋、家庭矛盾、离婚、失去亲人、经济损失等，都会导致人的情绪低落。随着时间的推移和自我的调适，这种情绪可能会慢慢消失，但也可能久居不退，心情长期"阴天"，长久见不到"阳光"，抑郁症就此生根发芽。

有时我们并不知道身边的人有抑郁症，这并不奇怪。因为抑郁是从无声无息的情绪低落开始的。有时，你并没有意识到自己的心情处于"阴天"状态，它就在暗处滋生暗长了；当你察觉"乌云密布"时，它已成气候，发展成为抑郁症——你已无力摆脱它了。

抑郁是对人心身有伤害力的情绪，但压抑的情绪如果不用心理障碍、心身疾病、精神分裂与反社会、攻击性、赌博、吸毒等来"出口"的话，反而会成为生命的创造力与激情。未曾体验过深重压抑或挫败的人，多半也不可能成为伟大的创造者、艺术家与天才。也就是说，抑郁的情绪本来是自然的，它与兴奋同体，当抑郁呈现的时候，兴奋和愉悦在它不漂亮的外衣掩藏下，其实已经蠢蠢欲动了，这时候对抑郁的排斥反而会阻断快乐的萌动与生成。抑郁一旦被看成最糟糕的体验，它就被钉在耻辱柱上，过度关注它反而会使我们的内在情绪能量都幻化为它。

抑郁让人无力，想歇下来，放弃权利、责任，放弃追求或苛求，得过且过。但是，缺乏抑郁能力的人，也是很危险的。你觉得不可思议吗？我们用过劳死这个现象，来解释为什么缺乏抑郁能力的人是危险的。过劳死的人，其实就是生命这根蜡烛点得太亮了，生命力被过度耗费了。而抑郁可以把生命的烛光变得暗淡，让生命能够承受阴影，缓慢地展开它美丽的翅膀，反而可以飞得更远更高。这也是很多天才都有躁郁症的原因。兴奋躁动的时候，他们的精神似乎可以创造整个世界；创意枯竭的时候，他们的生命色彩就表现为抑郁，让他们潜伏起来，生命不至于被耗竭。

2. 对于抑郁症，荣格有话说

很早以前，荣格就将抑郁症作为重要的研究课题，他认为，抑郁症临床症状主要表现在以下这些方面：

（1）情绪症状

荣格在研究中发现，情绪症状是一个人患上抑郁症后最普遍也最显著的症状。出现这种症状后，患者就会对任何事情都充满了绝望，感觉生活没有意义，而对平日里的爱好也打不起精神，甚至会对所有东西都丧失兴趣。试想，这是一件多么可怕的事！如果让患者自己描述这种感受，他们往往会用"孤单""倒霉""无助""悲哀""没有价值""缺少色彩"进行表述。

（2）认知症状

通常，抑郁症患者的自我评价非常低，经常莫名其妙地贬低自己，感觉自己对不起别人，产生深深的自责感，他们觉得自己是家人的累赘，是社会的废物和寄生虫。他们常夸大自己的缺点，而忽视自身的优点，把过去的一般性缺点，夸大成为不可饶恕的罪行，甚至通过自杀来结束生命。在生活、工作中，一旦出现不顺，他们就会将责任全部归咎于自己，甚至某些重度抑郁症患者会认为他们应该为不公正的事情负责，并愿意接受"惩罚"。

（3）躯体症状

荣格通过研究发现，躯体症状是隐藏得最深的，主要表现为精力丧失、懒于工作、懒于家务等。随着病情加重，患者的一切心理和生理的快感都会迅速消失。比如，平时对美食感兴趣的人，再好的美味佳肴也不能勾起他的胃口；热爱音乐的人，再动听的旋律也不能打动他的心……

此外，患者的睡眠质量也令人担忧，入睡困难、经常性的失眠多梦等都在侵蚀他的生活。

（4）动机症状

主要表现在患者对任何事情都缺乏动力，头脑迟钝、言语行动缓慢、语调低沉都是最明显的表现。严重时，个体不动、不食、不语，让人很容易联想到患者有自杀的念头。对于正常人来说，早晨起床，按时工作或者上学，在工作、学习中寻找快乐，并努力实现梦想，这是很正常的事情，可对于抑郁症患者来说，这些是非常困难的事情。他们会每天衣衫凌乱地坐在沙发上眉头紧锁、寡言少语，甚至终日茶饭不思，即使做出动作，也是迟缓的。

（5）代偿症状

这种症状的表现之一就是患者疯狂工作，加班加点，用工作转移注意力，借以缓解抑郁的痛苦。

还有一种表现是，患者故意在家人和朋友面前强颜欢笑，让家人和朋友认为他的抑郁症已经好转。其实，这只是患者为了减轻家人和朋友的担忧想出的对策，其动机或许是为了麻痹家人和朋友，以便自杀。

典型的抑郁心境还会有晨重晚轻的特点，即在早晨情绪低落，傍晚有所减轻。很多抑郁症患者会伴有食欲下降或者亢进，体重减轻或者增加，几乎每天都有失眠或睡眠过多，还有一些患者会出现性欲减退，女性患者会出现月经紊乱等。

值得注意的是，由于中国文化的特点，一些患者的情感症状并不明显，突出的会是身体的各种不适，以消化道症状较为常见，如食欲减退、腹胀、便秘，还会有头痛、胸闷等症状，患者常常会纠缠于某一躯体主诉，并容易产生疑病观念，进而发展为疑病、虚无和罪恶妄想，但内科检查却发现没有大的问题，相应的治疗效果也不明显。

有一个惊人的数据：全世界女性中，大约每八个人中就有一个在一生的某个阶段会遭受抑郁症困扰。这是美国哈佛大学的最新统计。而且相对于男性，女性患抑郁症的比例更大，这似乎跟女性更重视情感体验、情绪长期滞留某一状态有关。

抑郁更是应变不当的不良结果。当心境刚开始低落时，"不愉快"并不是造成伤害的真正原因，我们应对这种"不愉快"的方式才是根本所在，那些我们习惯性用来摆脱困境的方法并不能让我们获得真正的解脱，反而会成为困住我们的牢笼。

换句话说，当我们悲伤的时候，所有刻意摆脱抑郁的方法都是行不通的，那只能是自掘坟墓。比如，在凌晨3点对自己进行强迫性反省，苛责自己"软弱"，这些会像一台精神搅碎机，把个体推向更加痛苦的深渊。任何一个在无眠之夜辗转反侧过的人，或者曾经抛开一切专心反省的人，都明白这种努力是多么无效。但是，我们同样也明白自己是多么容易陷入这种习惯性思维当中，所以，对于抑郁，"正视"它反不如适当地"忽视"它。

上面说了这么多抑郁症的症状和病因，那么该如何应对抑郁症这个"地狱恶魔"呢？

（1）制订行动计划

由于抑郁症大多是因为惰性而产生的，因此行动就是它的

"克星"。荣格认为，如果缺少行动，整日无所事事，精神上就会空虚，进而加重抑郁症的症状，为此需要用行动充实自己。比如，患者应该制订出一套行之有效的计划，只有感觉到有事情可做，精神才不会空虚，而抑郁症症状也会有所好转。

（2）以利他主义精神给予别人帮助

荣格认为，树立患者的利他主义精神对于治疗抑郁是非常有效的。比如，患者告诉自己"我要尽量帮助别人，我是有价值的人，别人得到我的帮助会心情舒畅"，这样在帮助别人的同时，不仅可以赢得别人由衷的赞赏，还能增强自己的交际能力，最终抑郁会被人际交往治愈。

（3）多进行一些体育锻炼

很多医学家认为，体育锻炼可以使人们高度紧张的精神得到放松。比如，通过慢跑、游泳、步行等方式释放患者的精神压力，当其精神压力松弛后，便可以以乐观的心态投入到工作和生活中去，而精神的压力也可以随之消退。

（4）多安排一些可以让心情变好的事情

也就是说，将愉悦身心、积极向上的活动列入日程中。比如，和朋友欣赏节奏欢快的电影、听动听的音乐、接触大自然美丽的风景、参加一些聚餐活动等。通过这些方式，可以有效地减轻精神抑郁，从而缓解抑郁症。

3．焦虑症：压抑情绪的替身

鲁某，35岁，有自己的公司，工作忙，生活没规律，经常晚上十一二点睡觉，一次在酒桌上与客人高谈阔论时，突然感觉胸闷心慌，心跳得厉害，脸色发黄，大汗淋漓，胸口好像有什么东西压着似的，喘不上气来，有窒息的感觉，非常恐惧，大声喊着："我快要憋死了！憋死了！"朋友们立即将他送到医院。到了医院，还未来得及处理，鲁某这些症状就消失了，检查也没发现异常，回家后也没什么不舒服的，工作照常进行。

三个月后，无原因地又出现了相同症状，此后，发作频繁，每次都非常恐惧，害怕自己会被憋死。每次发作时间不等，有时不用处理症状就消失了，有时服用一片"倍他乐克"

缓解心悸症状。患者去了很多医院，做过全面的检查，均未发现异常。他十分苦恼，不知道自己到底怎么了，也不知道自己会在何时发病，每天都焦虑不安，担惊受怕。最后，在医生的建议下到精神科就诊，鲁某才知道自己患上了焦虑症。

焦虑症的发病主要源于精神因素，比如，在一个陌生而紧张的环境中，个体就会出现不适应的情况。

西方医学奠基人希波克拉底曾经说过："我不看你是什么样的病，而是看你是什么样的人。"

弗洛伊德认为，一个人的内心有矛盾冲突的时候，如果没有及时去排解，而是压抑下去，久而久之便会出现焦虑、恐慌、紧张、坐立不安、注意力下降等情况，也就是焦虑症。也就是说，那些从不隐藏情绪，总是能及时将情绪发泄出来的人，哪怕平时脾气很坏，也不会得焦虑症，只有那些情绪长期受压抑的人，才会患上焦虑症。

弗洛伊德把情绪的好坏看成人身体健康与否的风向标，他得出了这样的结论：要避免患上焦虑症，重要的是真正放松自己的心态，合理表达自己的情绪，避免长期情绪压抑产生"情绪垃圾"。

弗洛伊德的秘方一：体育运动

弗洛伊德发现，体育运动不光是简单的娱乐或锻炼身体，还具有心理疗伤的功能，可以最大限度地使情感得到宣泄和升华，从而治愈受伤的心灵。

人们通过参加运动，如游泳、爬山、球类运动、跑步等，可以最大限度地加强心搏，并促进血液循环以及消化系统的新陈代谢，让大脑充分放松，心情更加舒畅。参加一些团体的运动项目，可以让糟糕的情绪找到释放的阀门，增强战胜困难的强大决心。所以，有些在现实中受到不公平待遇或者压力无法释放的人，进行一场大汗淋漓的运动，无疑是释放压力、增强信心的不二之选。

弗洛伊德的秘方二：听音乐、跳交谊舞

　　听音乐、跳交谊舞也是弗洛伊德大力提倡的。他在早期的研究中发现，听音乐可以改变个体脑电波的活动，许多名曲对调节神经系统也具有一定的作用。比如，心情忧郁时，先听一段清新优雅的音乐，接着再播放自己喜欢或者精心选择的简短音乐，逐步进入到音乐中，心情就会好很多。

　　找个舞伴跳交谊舞，伴着悦耳的旋律翩翩起舞，可使人心情舒畅，轻松愉快，松弛紧张的神经，缓解不良情绪。

弗洛伊德的秘方三：旅行

　　弗洛伊德十分肯定旅行度假对焦虑情绪的改善作用。与家人或者好朋友一起郊游、休闲，是放松身心的好方法。通过与大自然亲近，可缓解紧张情绪，消除大脑疲劳。游览名胜古迹，身临古寺庙宇、亭台楼阁当中，更有一番乐趣。优美的环境，绚丽的山水风光，定能让心情舒畅，对神经系统有非常好的安定调节作用。

同时，在野外可以呼吸到清新的空气，享受到充足的阳光，使人感到神清气爽、精力充沛，野外轻柔的风，仿佛是大自然在给人做轻柔的按摩，令人舒畅陶醉……

弗洛伊德的秘方四：自我暗示

弗洛伊德坚信自我鼓励和语言暗示对焦虑症患者的积极作用。

焦虑症患者其实完全可以通过言语的暗示作用，来调整和放松，使糟糕的心情得到缓解。当你面临非常大的困境时，可以用"不要慌""镇定下来""一切会好的"等言辞，给自己以安慰。只要是在松弛宁静、专心致志的氛围下，这种积极的自我暗示通常会让情绪有明显的好转。

弗洛伊德的秘方五：食物

恰当的食物，也同样对焦虑情绪有改善作用。比如，单食糖类有镇静作用，可以刺激大脑产生血清素。蛋白质具有维持警觉性与脑力的功效，贝壳类、鱼类、鸡肉、牛肉、瘦猪肉都富含蛋白质，可以适当进食。

需要注意的是，年轻人喜欢喝的咖啡会对焦虑症产生副作用：咖啡因会使人沮丧、烦躁和焦灼不安，因此应避免过多进食含有咖啡因的食物，如咖啡和茶叶。

弗洛伊德的秘方六：环境

焦虑也跟环境有一定的关系，弗洛伊德把调节色光环境也列入其中。比如，光线明亮、颜色柔和的环境会使人产生恬静、愉悦的心情，而肮脏杂乱、昏暗狭小的环境则会给人带来憋气和不快的情绪，并且光线昏暗会使人无精打采。

患有季节性情绪失常的人，在冬季多进行日光浴会有不错的效果。

弗洛伊德的秘方七：颜色

弗洛伊德认为，颜色的作用不容小觑，犹如维生素对人身体的滋养。

当人们焦虑时，不妨选择一些具有缓和及镇静作用的清淡颜色来缓解压力，如绿色、浅蓝色。焦躁和愤怒时应避免红色，心情低落时，应尽量避免黑色和深蓝色，而多选用能使人心情愉快的色调，如橘色、黄色、红色。

第 10 章

潜意识：人体内暗藏的强大治愈力

那么，究竟什么样的人更容易产生压力呢？

其中一类是那些独生子女。他们从小就享受家人的溺爱，在这种缺少挫折体验环境中成长的孩子，人格是不健全的，而且他们的自私、任性、不善交际还会成为今后内心压抑的诱因。当他们的压抑感无处发泄的时候，就会产生暴力倾向、交际恐惧症、自闭症等心理问题。

1. 治愈密码：潜意识自有大药

弗洛伊德曾经做过一个实验，他从维也纳大学找来许多有精神压力的人，有的是因为没有取得好成绩，有的是因为家庭和生活上的变故。弗洛伊德询问他们为什么会有精神压力以及内心的感受，成绩不理想心情沮丧的人大都说："没有取得好成绩我很痛苦，这让我感觉身边的同学都比我强，我甚至怀疑自己的智商有问题。"弗洛伊德听完他们的抱怨后，将他们的话写在了黑板上。之后，生活上不顺利的人也开始向弗洛伊德抱怨："我的生活简直是一团糟，都不知道自己要干什么了，每天都处在焦虑和不安的状态中，现在的我怎么也乐观不起来，有时候甚至会想到自杀。"弗洛伊德同样记下了这些人的话。

随后，弗洛伊德对这些人的情绪进行了总结和分析，对有学业压力的人说："从你的精神压力来看，沮丧是你心里最真实的感受，你甚至怀疑自己的智商。你的精神压力确实存在于你的内心，但是如果你有效地运用潜意识的力量，这些精神压力还是可以化解的。具体方法就是，你要不断地告诉自己，我一定可以取得好成绩，我的智商并不比别人差。长时间默诵这些潜意识语言，形成习惯后，即使你的成绩不是很理想，你也能很快从沮丧中走出来，不会产生太大的精神压力。在潜意识中，你向自己传达了积极的信号后，你的潜意识就会带着你摆脱精神压力的困扰，你的成绩自然也会渐渐提高。"

同样，弗洛伊德又对在生活上因为变故而产生精神压力的人说："你要明白，生活从来不会一帆风顺，各种打击、变故是不能避免的，这些变故和打击会给你带来精神上的压力。在你看来，这些变故和打击是过不去的坎儿，你会因此丧失生活的信心，悲观绝望，然而，你仔细想想，除了这些，生活中毕竟还有很多美好和精彩，你需要不断为自己打气，对自己说，这些变故终将过去，我的生活会变得更加美好，让自己的潜意识多接收一些积极理念。当你的潜意识认同这个理念时，你就会从悲伤绝望的情绪中走出来，不再受精神压力的困扰。"

这两类人听了弗洛伊德的建议后，回去照做。半年后，再次找到弗洛伊德的时候，他们都面带着微笑。弗洛伊德知道，他们已经成功克服了自己的精神压力，开始了新的学习和生活。

在当今社会，社会各阶层越来越感觉到精神压力的沉重，精神压力已然成为"隐形杀手"。由于压力过大,人们出现了饮食失调、失眠、抑郁、神情恍惚、精神萎靡等各种心理病症。弗洛伊德曾经说过:"人生在世,不可避免地会遇到一些精神压力,这些精神压力可以消磨一个人的心志,甚至还会将这个人拉入'地狱'。"同时,他常说的一句话就是:"不要低估了潜意识的作用,他是让你克服阻力的神秘力量。"潜意识,就是对抗压力的大药。

那么,究竟什么样的人更容易产生压力呢?

第一类:穷人

这类人的心理压力是比较大的,没有工作,高不成低不就的状况,更加剧了失业者的心理压力——一边是生活一天天贫困下去,一边是找不到合适的工作。如果双重的压力无法排解,这种人的内心很容易产生极度的压抑。

第二类:工作狂

在弗洛伊德看来,个体为了实现自身的理想,往往会投入到繁重的工作中,不断给自己加压,超过了自身的承受极限,却仍然苛求自己,从而导致心理压力大,内心极度压抑,成为诱发心理疾病的病灶。

第三类:事业上的失败者

尤其是经常失败或事业上大起大落者,长期处于高压状态中，又不能自我调节，内心极度压抑，极有可能诱发精神障碍、抑郁症、自闭症等心理疾病。

第四类：独生子女

一些独生子女从小就享受家人的溺爱，在这种缺少挫折体验环境中成长的孩子，人格是不健全的，而且他们的自私、任性、不善交际还会成为今后内心压抑的诱因。当他们的压抑感无处发泄的时候，就会产生暴力倾向、交际恐惧症、自闭症等心理问题。

第五类：投机者

从事投机，如买彩票、炒股的人，"因投机长期焦虑不安，波动起伏不定或处于失衡状态中，内心的压抑会油然而生，而且会越来越严重"。

第六类：职场人

在职场中，面对失业、升职、调薪、同事关系等各种问题，每个职场人都承受着这些问题带给他们的精神压力。有时候，上司的一句话会让他揣摩好几天，心里总在怀疑："上司是不是说我呢？""上司一定非常讨厌我。""我恐怕没有晋升的机会了。"长此以往，他的内心就会产生精神压力，陷入悲观失望的消极情绪不能自拔。这种情绪会影响他的工作，最终真如他所想，上司开始讨厌他，甚至很有可能因此丢掉工作。

下面我们用三个人的例子，演示一下如何使用潜意识治愈压力。

A，因为没有完成工作目标，产生很大的精神压力。

B，由于在创业期间碰到挫折，出现强烈的挫败感。

C，因为恋爱出现问题，极度失落。

在弗洛伊德看来，要让他们摆脱精神压力的困扰，首先要知道他们的真实想法，并根据不同情况给出舒缓精神压力的策略。

对于A，疏解的策略是告诉他要用平和的心态去看待没有完成的工作任务，在内心告诉自己："下一次努力把工作做到最好，这样才能赢得老板和同事的尊重。"接下来，就要把这个目标融入A的潜意识里。如此一来，在潜意识的作用下，不仅会使自身的压力得以释放，还会出色地完成工作任务。

对于B，这时的他心里通常会想：自己的努力奋斗竟然没有得到回报，这确实不能接受，于是，挫败感不可避免地产生了。在弗洛伊德看来，这样的挫败感完全是没有必要的，要告诉B，遭遇失败是奋斗中经常出现的情况，"不经历失败就很难成功"，"失败并不可怕，可怕的是失败后的一蹶不振"。

这样的想法进入B的潜意识后，潜意识就会产生力量，给予B极大的鼓励。通常，在潜意识力量的推动下，B会克服精神压力，从容不迫地面对失败，最终获得成功。

对于C来说，失恋的他会想：为何我为爱情付出那么多努力却没有修成正果？弗洛伊德的建议是：一个人应该用宽广的胸怀面对恋爱中的挫折，你认为对恋人的付出很大程度上只是你的主观感受，你的恋人或许没有感觉到你的付出，这种情况下，就要及时调整心态，告诉自己："既然对方不接受我的付出，或者我的付出在对方看来毫无意义，就要学会放弃，因为就算你付出再多，对方也不需要，甚至不会为之感动。"当C想明白这个道理之后，潜意识就会对自己说："该放弃就放弃，不要刻意为了适应别人而改变自己，因为即使你能改变一时，也不可能改变一生。"在潜意识的带动下，C就能非常理性地看待恋爱中的失败，最终以崭新的姿态迎接新的恋爱。

2. 地毯下的蛇：潜意识如何帮你消除恐惧心理

美国著名作家伯特兰·罗素在《我的信仰》中曾经这样写道："在一个充满威胁、变化无常的世界中，依然能够保持心灵的宁静，这也许就是人类最大的骄傲之处。"

从某种意义上说，凡事都有两面性，虽然害怕和恐惧让人痛苦，但正是害怕和恐惧给人类提出了警告，使人类能够避免更多惨剧的发生而顺利地生存下来。从这个角度来讲，恐惧心理并不完全是消极因素。从人类文明的发展历程不难发现，人类的发明与创造归根结底都是人们恐惧和焦虑的副产品。比如因为害怕黑暗，人们努力寻找光明，便发明了钻木取火，乃至此后电灯的问世；由于惧怕各种疾病，人类发明创造了医术，之后又掌握了外科手术、麻醉方法等一系列技术。

实际上，恐惧心理有正常与病态的区别，弗洛伊德认为，假如一个人置身于非洲丛林，忽然看见一条吐着芯子的毒蛇，这时的恐惧就是正常的恐惧心理，因为这种恐惧有助于人们保护自己。但是如果人们在自己家里，却疑心地毯下藏着一条毒蛇，这种恐惧心理就是病态的、不正常的。再比如说，有人在日本旅游，担心发生地震而产生恐惧心理，这就是正常的；但有人在国内从未发生过地震的省市出差，却总是疑心自己会遇上地震，这种情况就属于病态的恐惧心理。

人们的很多恐惧情感都源于没有安全感的幻想，这些幻想如同地毯下的蛇，会时不时地蹿进某些人的脑海，让他们在潜意识里觉得自己身处危险之中。还有一些人总是担心自己的健康出了问题，只要有轻微的不适，就会联想自己的身体哪方面出了问题，开始焦虑紧张，最后产生恐慌惧怕的心理。焦虑症和抑郁症在一定程度上都是源于人们莫名的恐慌与焦虑情绪，而这些情绪正是从人们负面的潜意识里延伸出来的。

美国著名心理学家威廉·詹姆斯曾说："当我们失去了原有的自然欢乐，那么，通往欢乐道路的最佳方法，就是让自己快快乐乐地站起来说话，表现得好像欢乐就在那里。但是如果这样的举动还是不能让你觉得快乐，那就真的别无他法了。所以，当人们要想勇敢起来，在表现得好像自己真的很勇敢，运用自己的一切意志达成某些目标时，自身的勇气就很可能取代恐惧感。"

除了假装勇敢，用潜意识里的勇敢情绪战胜恐惧心理外，还可以用以下几个巧妙的方法调整自己的情绪：

在面试时或是在公共场合发言感到紧张，这时候越是掩饰，反而会越发紧张，所以不妨说出自己的心声，将紧张情绪抒发出来，咧嘴笑一下，大方承认："现在觉得好紧张啊！"或者试着自我安慰："已经多次在这样的公共场合亮相，为什么还会紧张，可能是我把每次的公共场合都看得很重要，这也说明我是个负责任的人！"就好像说谎时，越是掩饰就越是紧张，反倒是将实话说出来会一身轻松。

事实上，哪怕是有多年舞台经验的话剧演员，在开幕前一样会因为激动紧张而惧怕。因为，越是经验丰富的人，观察力就越强，对环境的敏感度也就越高，所以他们的恐惧心理源于对环境的恐惧和自身信心不足。

关于恐惧心理，成功学的奠基者卡耐基有这样一条有趣又相当实用的经验："当你讨厌或是惧怕在公共场合说话时，不妨看着台下的观众，心想他们都欠着你的钱，正要求你宽限几天时间。作为一个神气的债主，你又有什么值得害怕恐惧的呢？当你在潜意识里这样想时，自然就不会畏惧在人前说话了。"

第 11 章

情绪调节：做自己的情绪调节师

　　关于不良情绪是否会增加癌症患病率的问题，心理学家做过这样的实验：研究者将 10 只狗分成两组，第一组的 6 只狗，长期生活在人为的紧张环境中，另外 4 只狗则生活在正常环境中。实验结果表明，在正常环境中生活的 4 只狗，一直活到老也没有患上癌症。而那 6 只长期生活在紧张环境中的狗早早都死去了，经检查，它们都有不同器官的癌变现象。

1．暗示：世界排名第一的执行力

活了将近100岁的美国著名思想家诺曼·文森特·皮尔曾经说过这样一段话："世界上最能驱动一个人的并不是由上而下的命令，而是由内而外的暗示。"在他看来，即便是强调绝对服从的军人，也有可能对"神圣指令"产生疑虑，而由心理暗示产生的作用力，才是最有效的。

1966年5月27日，一名神秘的黑衣男子走进了玛贝尔学院教堂的心理咨询诊所。虽然皮尔的诊所历来人流如织，但这名黑衣男子特征鲜明，显得与众不同。看到这名黑衣人，皮尔马上给对方开了个后门，让助手将他直接请进了办公室。

这个黑衣人名叫伯尼尔·奥尔波特，是一名军官，中尉军衔，现年25岁，正饱受困扰，心理素质非常不稳定，总是搞砸长官交代给他的任务。半年前，奥尔波特去越南参战，一开始他还能负责一些小规模的行动，但是随着时间的推移，指挥官很快发现这位西点军校毕业生总是犯一些低级错误。经历了多次的教导和处罚，奥尔波特依然无法从自己的心理困境中走出来，他也因此被遣送回国，休一个长假。对那些害怕上战场的人来说，这确实是一个不错的"处罚"，但在奥尔波特看来，这绝对是侮辱。

"去越南之前，我认为自己是一个绝对服从上级命令的人，"奥尔波特说，"但是在越南，我总是在执行任务的过程中犯一些低级错误，而且指挥官越是帮我讲解，我就越是紧张，到最后竟什么都做不好了。"

"噢，我大概了解你的情况，但现在仅仅凭借这些还不够，我需要更详细的资料才能做出判断。现在你可以离开了，到家后把你的具体情况写在纸上，越详细越好，如果你没有时间过来，就邮寄给我……算了，你还是直接邮寄给我吧，可能到时候你有空，我却没有时间……"皮尔擦了擦眼镜，继续说道："不过要记住，请务必在月底之前把东西寄给我，因为下个月2号，我还要去趟蒙特利尔大学给学生做演讲。"

做好这些安排，奥尔波特就被请出了办公室。这时距离月底已经很近了，奥尔波特几乎没有时间调整，他马上开始动手准备皮尔需要的资料。一切仿佛都很顺利，但是到邮寄信件的时候，意外发生了——他家的邮箱钥匙不见了！焦躁之下，奥尔波特挥拳砸向邮箱，结果手掌骨折了，邮寄信件的事情自然也就泡汤了。

皮尔结束演讲后，某天突然想起了奥尔波特，于是他按照奥尔波特留的地址去了一封信。当他得知这一切的前因后果，马上赶到了奥尔波特家中，帮他排解心理问题。

拿到那封没有寄出去的信，皮尔对眼前这个患者终于有了初步的了解。再结合"寄信"这件事，皮尔顺利制订了治疗计划。在他看来，给奥尔波特造成极大心理伤害的，正是那些"命令式"的言辞——奥尔波特一听到这样的"命令"，就会焦躁无比。可当他"用心"执行这些"命令"，又会瞻前顾后，把事情搞得一塌糊涂。如此循环往复，奥尔波特很容易就掉进了一个怪圈，越陷越深。

皮尔决定将计就计，故作神秘地对奥尔波特说："其实这一切都早在我的掌控之中，我早就料到你无法将这封信寄出来。"

听到这句话，奥尔波特惊讶地睁大了眼睛，皮尔这样回答他说："在命令面前你总是习惯性紧张，你需要改变这种心态，放松，藐视你的对手，这样就可以了。"

"就这些？"

"你以为呢？不要高估你面前的那些矛盾，这些事情简单得不能再简单了，"皮尔说道，"假如我不给你规定寄信的时间，你还会把这件事搞砸吗？我故意设计了这样一个难题来测试你，结果你真的犯了错误。"

"那么现在我应该怎么办？"

"听我说，年轻人，根据我的观察，其实你是个非常出色的小伙子……"皮尔舔了舔嘴唇说，"上次你跟我说自己是哪个学校毕业的？"

"西点军校……"奥尔波特回答道。

"对的，就是那里，全世界最好的军校，铁血战将巴顿就来自那里……当然还有其他人，比如格兰特总统、麦克阿瑟将军、艾森豪威尔总统，等等。光这些人就够你奥美一辈子了，西点军校可不是一般人能上的。"皮尔说道。

"是的，巴顿将军和麦克阿瑟上将一直都是我的偶像，但是他们现在都去世了。巴顿将军出车祸的时候我只有五岁，两年前麦克阿瑟上将也离开了。"说到这里，奥尔波特的话多了起来："不过我对艾森豪威尔总统不是很看好，他在朝鲜战争问题上表现得太保守了。"

听到这样的话，皮尔回应道："你是一个非常有见地的人。"

就这样，奥尔波特逐渐打开了自己的话匣子，接二连三地发表出一些惊人的言论。随后的日子里，由于事务缠身，皮尔只能通过信件跟奥尔波特交流。半年之后，奥尔波特回到了战场，从他写给皮尔的信来看，他已经摆脱了困扰，无论什么指令，他都能坚持执行。从越南战场回来时，奥尔波特已经被晋升为少校，可以看得出来，摆脱心理困境后的他将自己的潜能全部发挥了出来，在战场上有出色的表现。

对奥尔波特的变化，皮尔总结道："在所有指令当中，暗示是最有效的助推手段。"借助这个案例，我们来看看皮尔在安抚奥尔波特的过程当中使用了哪些"暗示"。

（1）将计就计，提升暗示者的权威性

皮尔明白，要让自己的暗示更有效，就必须要让自己更具权威性才行。邮寄信件的失误原本只是一个巧合，皮尔却说早在自己的掌控中，奥尔波特对此深信不疑。实际上，类似这样的"配合失误"，通常会在两人间造成巨大的裂缝，但是皮尔一句简单的"其实这一切都早在我的掌控之中"，就扭转了局面，提升了自身的权威性。

（2）通过贬低矛盾来暗示患者

发现奥尔波特最大的问题是容易紧张、习惯性高估任务难度后，皮尔决定通过"鄙视"困难来提升对方的自信。因此在与奥尔波特交流的时候，他不断地通过"简单得不能再简单""就可以了"等话语来引导对方。很显然，听到这些话之后，奥尔波特也逐渐变得和皮尔一样，开始正视所谓的"危机"。

（3）通过暗示来提升患者的优越感，以此增强对方的自信心

在这一点上，皮尔使用的技巧就更多了。在他写给朋友的信件中，皮尔这样说道："作为心理治疗师，我们最需要做的就是尽可能地开发患者的主动性。你可以说患者付了钱，是来听取专家意见的，但是在这个时候，让他们自己思考、自己发言，或许才是最好的办法。"实际上，皮尔对于奥尔波特

的情况是了解的，但他依然询问对方的学校，目的就是刺激对方主动思考。在谈论西点军校时，皮尔还不断通过名人校友来暗示奥尔波特，让他能正视自己的实力。

通过两个人的谈话，我们可以看到，奥尔波特从一开始的消极被动，逐渐转化成了积极思考，并且敢于发出不同声音。在他看来，五星上将、联邦总统艾森豪威尔甚至都是有错的。

很显然，这样的交流对于提升一个人的心理素质有非常重要的作用，和那些赤裸裸的命令相比，这些潜移默化的暗示更容易被人们接受。而在成功治愈奥尔波特后，皮尔说了这样一段引人深思的话："任何结果都是需要通过执行力来保证的，而暗示就是最好的执行力。事实证明，即便是战地司令官的命令，也会让人产生各种疑虑，此时只有带有暗示效果的指令才能最大限度地驱动一个人。这样看来，暗示才是世界上排名第一的执行力。"

2. 霍桑效应：你想成为什么样的人，你就会成为什么样的人

　　20世纪初，美国西部一家电力公司的分厂霍桑工厂为了提高员工的工作效率，请来了一些心理学家。心理学家通过与工人谈话，让他们尽情宣泄不满和抱怨，之后，霍桑工厂的工作效率大大提高，后来人们便将这种现象称为霍桑效应，又称宣泄效应。

　　霍桑效应的发现，颠覆了企业管理的传统观念。通常，企业为了提高员工的工作效率和积极性，会从他们的生活环境、工作环境以及奖励制度等外在因素入手，认为只要满足了员工的物质要求，就能激发员工的工作积极性，从而提高工作

效率。霍桑工厂最初也认为环境决定员工的工作积极性，于是，他们改变工厂的照明和员工的福利待遇，但是这些外在因素的改变，对员工工作效率的提高没有丝毫的帮助。后来，心理学家发现，外在物质不能刺激员工的工作热情，员工们需要的是心灵上的慰藉，长期压抑的情绪、不被管理者理解和重视导致了他们工作效率的下降。这之后，霍桑工厂尤其重视基层的管理者与普通员工的相处。

霍桑效应告诉我们，当我们的内心产生负面情绪时，不要去压抑它。压在心里的负面情绪只会越积越大，就像一颗毒瘤，只有将压抑的内心情感释放出来，才能轻松地迎接生活。

在美国历史上，曾经有这样一个故事。19世纪60年代的某天，一位少将当着美国战争部长斯坦顿的面，用极尽侮辱和嘲讽的话指责斯坦顿偏袒某些人。事后，斯坦顿怒气冲冲地走进林肯的办公室，将这件事告诉了林肯。林肯听后，向斯坦顿建议道："你可以写封信，用同样恶毒的话痛批他一顿嘛。"

斯坦顿觉得这个主意不错，于是立即写了一封信，交给林肯看。林肯看过后，说道："对，就这样，就这样去痛批他，这样你心里才会舒坦。"斯坦顿为自己的报复感到得意，准备将信装进信封，却被林肯制止了："等等，你要干什么？"斯坦顿说："当然是要寄出去呀。"林肯说："不要，寄出去只会让问题更严重，快把这封信扔到火炉中。这样让人愤怒的事我也经常遇到，每次我都写一封这样的信，然后将信扔到火炉中。如果你的愤怒还没有消除，那么就写第二封吧。"斯坦顿听了林肯的话恍然大悟，对林肯的指点十分感激，从此，他每次遇到愤怒的事便通过这样的方法来宣泄心中的怨气。

生活中，每个人都会遇到各种不如意的事，愤怒、抱怨、悲伤、痛苦是不可避免的。遇到不如意的事，人们的处理方法各有不同，有些人选择当场爆发，有些人选择忍气吞声，或者深埋心底，但无论哪种方法，都是不可取的。当场爆发会伤害到对方，而忍气吞声，将情绪深埋心底又会伤害到自己，两全其美的方法就是上面案例中的方法。情绪宣泄出来，就如同将堵塞的管道疏通，神清气爽，一切恢复正常。

霍桑效应理论强调两个方面，一个是情绪的宣泄，另一个是心理的暗示。所谓心理暗示，就是你想成为什么样的人，你就会成为什么样的人。而别人对你的看法会影响到你对自己的看法，降低你对工作和学习的热情，进而影响你未来的生活，这就是霍桑效应。

有一所国外的学校，每年学生入校前都要进行一次智力测验，将学生分为优等生和劣等生。一年后，在一次例行测验中，他们发现当年的测验结果颠倒了，也就是说，现在的劣等生其实是智力水平高的学生，而那些优等生其实是智力普通的学生。可是，在后来的考试中，并没有出现什么异常——"优秀班"的考试成绩仍然高于"普通班"。

这件事说明，那些被认为是优等生的普通学生，会以为自己真的是优等生，学校格外的重视加上自己的心理暗示，最终让自己变成了真正的优等生。而那些本来很优秀的学生在被认为是普通学生后，由于被学校冷落，加上自己的心理暗示，自然而然就变成了普通学生。

3. 操纵你的负面情绪

　　美国著名心理学家卡梅伦·韦斯特认为，每个人都会受到自己情绪模式的支配，而识别自己的情绪模式可以帮助你按自己的意愿行事，不会受到负面情绪的操纵。

　　人的情绪跟自身的认知有很大的关系。认知角度不同，对同一件事的情绪就截然不同，换个角度去思考，就能跳出原有的局限和刻板模式。

　　人不可能永远处在好情绪中，生活中既然有挫折、烦恼，就会有消极的负面情绪，对于这些负面情绪，很多人的做法是一味地压抑。但是心理学研究表明，"压抑"并不能改变负面情绪，反而会让负面情绪在内心沉积下来，造成更深的内心冲突，导致心理出现疾病。这些负面情绪积累到一定程度，往往会以破坏性的方式爆发出来，给自己和他人造成伤害。

弗洛伊德认为，人之所以会产生心理疾病，往往是因为潜意识情绪和思维方式的错误判断，让主体被负面情绪操控。

曾经有这么一位皇帝，一日忽然梦见山峰倒塌，河水枯竭，本应该艳丽争春的百花却都凋谢了。皇帝因为这个怪梦心神不宁，便叫略懂解梦的皇后为他解梦。皇后听了皇帝的叙述，一脸忧虑地对皇帝说："陛下，此梦并非吉兆。山倒了指的是您的江山将要倾倒；君是舟，民是水，一旦水枯了，舟如何能够行驶，所以流水枯竭意指民众离心；春天本是百花齐放的好景色，百花却凋谢了，只能说如今好景不长了。"听了皇后的释梦，本来就因为怪梦心神不宁的皇帝惊出一身冷汗，变得郁郁寡欢，没多久就患了一场大病，病情越来越重，眼看就要不行了。

这时，一位大臣听说此事之后前去参见皇帝，皇帝一脸病容地躺在病榻上说出自己的心事。不想，大臣听完皇帝的话却一脸欣喜地笑道："陛下，此乃好梦呀！山倒了，地自然就平了，指的是从此天下太平；水枯了，真龙方可现身，所以陛下您乃真龙天子；花谢则结果，百花凋谢，自然就会结好果。陛下有什么可担心的呢？"听了大臣的话，本来重病难愈、几欲西去的皇帝顿时好了大半，没过多久就痊愈了。

其实，皇帝病倒，与皇后的解梦是脱不了关系的。同样的事件，因为不同的解释产生了完全相反两种结果，皇后的解梦夸大了负面信息，让皇帝心生忧虑、烦恼、恐惧等负面情绪，而大臣的释梦则是将负面的信息转化为了积极的正面信息，当皇帝听完了大臣的释梦，心病顿时解了大半，心病一除，生理上的病痛也就一并土崩瓦解了。俗话说："心病还须心药医。"大臣的解梦就是一副"良药"，有效地治愈了皇帝的心病。

美国著名心理学家弗洛姆为了验证人的情绪对结果到底会产生什么样的影响，做了这样一个实验：实验中，弗洛姆指导自己的七个学生成功穿过了一个伸手不见五指的房间，但是当弗洛姆打开房间的一盏灯时，在昏暗灯光的照射下，七个学生被眼前的景象吓呆了，因为房间的地面下是一个大水池，有几条鳄鱼正游来游去，而水池上方就搭了一座简易的小木桥。很明显，刚才他们就是从这座简易的木桥上走过来的。

弗洛姆问七个学生："现在，你们还有谁愿意再次穿过这个房间呢？"大家都沉默了。弗洛姆又问了一遍，过了许久，有三个胆大的学生站了出来，表示愿意再走一次。第一个过桥的学生以极慢的步子非常小心翼翼地走了过去，花费的时间比刚才多很多。而第二个学生因为极度的恐惧，颤抖着上了桥，走到一半时，因为一条鳄鱼游过，吓得只好从桥上慢慢爬了过去。第三个学生刚刚踏上桥，还没走几步就直接腿脚一软瘫倒在桥上，哆嗦着再也不敢往前移动半步。

这时，弗洛姆又打开房内的另外几盏灯，房间顿时亮如白昼。大家这才看清了，原来小木桥的下方有一张很大的防护网，只是由于刚才光线昏暗，防护网的颜色又比较浅，所以大家压根儿没看见。弗洛姆又问："现在有谁愿意过这座桥吗？"这次站出来五个人。弗洛姆问剩下两个没有站出来的人："你们俩为什么不愿意再试试呢？""可是，这张防护网结实吗？"这两个人非常有默契地问弗洛姆。

在这组实验中，起初在房屋黑暗时，在不知情的情况下，七个人在老师的引导下都顺利地穿过了房间，因为此时他们没有任何负面情绪，他们相信自己的老师，所以黑暗和危险都没有成为他们成功的障碍。可是，当他们在灯光下看到真相时，却因为恐惧无法顺利通过木桥，这是因为负面情绪使他们产生了心理上的"疾病"。

当人们感到情绪消沉或者沮丧的时候，可以通过一些方式来调节它。比如，去公园散散步，听听自己喜欢的音乐，做一些健美操运动，逛逛超市，也可以向知心的好朋友或亲近的人哭诉一下。心理学研究表明，哭泣对人的负面情绪有一种"治愈"的功能，人在痛哭过后，不愉快的心情会得到缓解，所以人们在调节情绪时可以选择看一些感人的经典电影，借机将自己的负面情绪宣泄出来。还可以选择写日记，将自己的负面情绪写下来，另外，还可以打个心理咨询热线，向心理咨询师请教，把坏情绪宣泄出来。

当然，宣泄只是调节操控情绪的方式之一，除了宣泄，如果你能为改变自己的处境去做些什么，去努力奋斗，会更好地帮你从消极的情绪中摆脱出来。一方面，当你为人生奋斗时，注意力会变得集中，让你没时间去自怨自艾；另一方面，在你的处境得到改善的过程中，你的眼界会变得更开阔，很有可能对生活产生新的看法，自然而然就从负面情绪中走出来了。

4. 情绪奴隶，转移你的不良情绪

临床实践证明，绝大多数癌症患者发病前都有长期抑郁、悲伤、焦虑、恐惧或苦闷等不良情绪，有的甚至出现明显的精神症状。中山医院曾对120例癌症患者做过调查，调查显示，癌症患者都拥有不同程度的心理问题。心理因素对癌症的影响，已经引起医学界的高度关注，因此，在对患者对症治疗的基础上，也要加强对患者的心理护理，使患者改变对疾病的态度和心理反应，缓解病人的负面情绪，增强患者与疾病斗争的信心。

对于疾病与情绪的关系，中医早有论述，两千多年前的《黄帝内经》就提出了心理因素与身体疾病相关的概念，如"喜怒不节则伤脏""怒伤肝、喜伤心、思伤脾、忧伤肺、恐伤肾"等。中医学认为肿瘤是因为七情郁结、脾胃受伤等原因，导致气血凝滞的结果。中国元代医生朱丹溪认为，乳癌是由于经常处在忧愁、郁闷、愤怒等不良情绪中引发的。

古希腊的珈伦医生通过对大量患者的研究注意到，忧郁的女子比乐观的女子更容易患上癌症。19世纪的一位著名医生说："在牵肠挂肚、忧虑失望的情绪之后，癌症往往会乘虚而入，这样的病例不计其数。"

关于不良情绪是否会增加癌症患病率的问题，心理学家做过这样的实验：研究者将10只狗分成两组，第一组的6只狗，长期生活在人为的紧张环境中，另外4只狗则生活在正常环境中。实验结果表明，在正常环境中生活的4只狗，一直活到老也没有患上癌症。而那6只长期生活在紧张环境中的狗早早都死去了，经检查，它们都有不同器官的癌变现象。

20世纪50年代，美国心理学家劳伦斯·莱香对一组癌症病人做了大量调查研究，他发现，大多数癌症病人在童年期就有过失去父母或亲属的悲伤经历，这样的遭遇使他们养成了缄默的个性。成年后，他们变得不爱交际，对工作和生活缺乏热情，而且总是郁郁寡欢、顾影自怜，一生都是在无望和孤独中度过的。

德国学者巴尔特鲁博士对80000多位癌症患者进行了调查，他发现大多数病人的癌症都发生在失望、孤独和沮丧等严重的精神压力时期。

斯蒂文·格里尔博士对160位乳腺肿瘤患者进行了长期观察，其中有一部分病人是良性肿瘤，另一部分是恶性肿瘤。

博士发现，良性肿瘤的病人中有60%的人能无拘无束地表达他们的情感，而恶性肿瘤患者中，只有三分之一的患者能做到这点，剩下的三分之二的患者都倾向于压抑他们的情感。

我们经常能看到这样的例子：丈夫因病逝世一两年后，妻子因为长期郁闷而患上癌症，就是因为体内免疫功能降低引发的。

心理学研究指出，一个人的不健康包括两个方面，一方面是身体上的病痛，另一方面是心理疾病，如长期的惊慌、恐惧、悲痛、紧张、愤怒、焦虑、忧郁等，长期处在这样的状态，会导致内分泌失衡和淋巴系统功能的紊乱，最终免疫功能下降。

现代心理学研究表明，一个人心情舒畅、精神愉快，中枢神经系统就会处于最佳状态，人体的内脏及内分泌活动在中枢神经系统调解下处于平衡状态，使整个机体协调、充满活力，身体自然就会健康。美国密歇根大学心理学家南迪·内森的一项研究发现，人的一生中有三分之一的时间是处在不良情绪之中的，为此，人们经常需要与那些不良情绪做斗争。当然，这并不是让人们压抑不良情绪，而是学会疏导、转移不良情绪。在现实社会中，人们会遭遇各种突发事件，随之引发各种情绪的出现，欣喜若狂、焦虑不安、暴跳如雷、懊悔沮丧等，如果不能驾驭这些情绪，就会成为情绪的奴隶，被它主宰，引发一系列情况的发生，特别是身体机能的紊乱。

5．把你的痛苦写出来：消极情绪如何转化为积极情绪

　　美国著名社会心理学家斯坎特认为，人类的情绪体验是人的生理状态和对这一状态的认知解释共同作用的结果，也就是说，人的情绪之所以会有所不同，是由人当时的生理状况以及心理因素造成的。

　　情绪认知理论认为，人的情绪本身就具有一种能够强烈激活生理的力量，假使这个机制变得活跃起来，那么，一些习惯性的反应必然会遭到一定的破坏。而且，当一个人得到了自己想要的信息或结果时，这个人就会觉得很满足，在这样的状况中，人的情绪是沉寂的。但是，如果需要的信息过剩，

超出了人本身的需要，便会产生积极的情绪；反之，如果少于人的信息需求，人的心理则会产生消极情绪。而不管是积极的情绪还是消极的情绪，都可以促进人的行为能力。

在心理研究上，认知治疗心理情绪的核心理论是"观念决定情绪"，就是说，如果你对一件事情持有不同的态度和想法，你的情绪也会因想法不同而有所不同。例如，内向的你即将在陌生的面试官面前讲话，你此刻的心情正是由你的观念决定的。如果你心里想"我可以好好地趁此机会展示自己的优点"，你的情绪就是亢奋的、愉悦的；但是如果你在想"面对陌生人紧张说错话怎么办"，你的情绪就是忧虑的、忧心忡忡的。

情绪压抑的时候，用书写进行宣泄是一个不错的方法。书写宣泄法是指让有压抑情绪的人通过写信、日记、绘画等形式发泄自己的情绪。美国著名心理学家詹姆斯·彭尼贝克做过这样一项实验，让参加实验的人连续一周左右，每天花10～15分钟写出自己"一生中最痛苦的经历"，或者当时自己最压抑苦恼的事情。写完之后，参加实验的人想自行保留或销毁都悉听尊便。

这项实验的结果令人惊讶：从此以后，受验的人很少再出现压抑的情绪，连去医院看病的次数都渐渐减少，甚至许多受验者的肝功能也得到了不小的改善。而且，越是无保留地表达其痛苦情绪，其免疫功能的改善程度就越大。

经研究发现，发泄愁闷压抑情绪的最佳方式就是把自己的悲伤、焦虑、生气等不良情绪统统表达出来，最终，从心灵的痛苦中找出某些有意义的东西，得以解脱。

斯坎特研究发现：人遇到不同的事情会表现出不同的情绪，大体可以分为积极情绪和消极情绪，其实，这两种情绪是可以相互转化的。也就是说，人们的消极情绪可以通过一些方式转化为积极情绪，所以人应该学会掌控自己的不良情绪。

下面是一些有效转化情绪的方法：

（1）当因为头脑非常混乱而烦躁和压抑时，可以通过整理物理环境的方法来整理心理环境

比如好好收拾收拾自己的房间，擦一擦房间的地板，洗掉应该洗的衣服，整理一下平时脏乱的书桌，等到混乱烦躁的不良情绪渐渐稳定下来之后，再去思考应该思考的问题。

（2）当讨厌某一事物而产生压抑情绪时，应该找出讨厌的根本原因，并加以克服

比如，你因为数学没有学好而讨厌计算题，那么你以后学物理、统计学的时候，遇到计算题就会感到压抑郁闷，这样的结果就是你每门课都没有学好。这时，你就应该找出原因并慢慢克服：既然根本原因是数学没学好，那就立马去找这方面优秀的同学帮忙，把数学计算题这只拦路虎解决掉，以后学习其他课程时，遇到计算题就不会再压抑郁闷了。

（3）巧用录音带暗示催眠，可以达到恢复自信的效果

如果你在学习或者工作上遇到挫折，尤其是祸不单行时，自信心就会受挫，这时你也许会觉得自己以前的成绩好像也经不起推敲，开始怀疑自己的能力，心情压抑，这时，你可以采用听录音带来恢复自信。具体做法是：将自己从前的成绩叙述下来录成录音，坚持每天睡觉前听，并告诉自己："我一定行的！"一段时间之后，你会发现自己又有自信心了。

这种方法同样可以改变自己的坏习惯，或者培养自己的好习惯，比如你喜欢揪住别人的缺点不放，这时候就可以录音告诉自己要学习发现别人的优点，坚持在睡前听录音，久而久之，当你遇见别人时，就会条件反射般地看到别人的优点，并赞美别人，由此你就可以改掉自己的坏习惯了。当然，培养好的习惯也可以采用此方法。

（4）利用单调的声音进行暗示，可以使紧张压抑的神经放松

在生活中，你经常会听到有些人因为情绪压抑，晚上睡不着，或者很晚才能睡着。但奇怪的是，这些人在汽车或火车上却能睡得很香很踏实，这是因为汽车和火车的单调重复的声音可以舒缓紧张压抑的神经。所以，当你情绪紧张又压抑时，可以自己创造出单调重复的声音让自己放松。催眠曲能够催眠，正是基于这个原理。

（5）快节奏的音乐可以使人充满活力，赶走压抑情绪

听音乐调节情绪是一种绝佳的方式。感到悲伤时，可以听听欢快的歌曲；公开场合讲话发言前，听听舒缓的音乐可以缓解紧张，放松心情；心情压抑时，试着听听快节奏的动感音乐，可以让压抑的心情得到最好的释放。

另外，美国著名心理学家杰克·布朗曾经说过：适当地选择衣服，有改善情绪的功效。合适的衣着可松弛神经，给人舒适的感受，而且，人们在情绪压抑时应该注意在衣服选择上的四个"不"：

（1）不穿易皱的麻质衣服

不少心理专家认为，在情绪压抑、郁闷的日子里，不要穿容易起皱的麻质衣服。因为易皱的衣服不仅会使人的形象看起来一团糟，而且会让人产生很不舒服的感觉——有皱褶的衣服会让心情不好的人联想到紧皱着的眉头，甚至是老年人脸上的皱纹。

（2）不穿硬质衣料衣服

硬质衣料衣服会让人感到僵硬和不快。心情抑郁的时候，人们最好穿质地柔软，如针织、棉布、羊毛等衣料做的服装。质地柔软的衣服会给人舒心、安全的感觉，同时也有助于缓解人们不愉快的情绪。

（3）不要穿过分紧身的衣服

过分紧身而狭窄的衣服，会造成人身心上的压迫感和紧绷感。所以，对于女性来说，情绪不好时，一定要避免穿窄裙、连裤袜和束腰的服装，尤其不能穿紧身牛仔装，否则会加重情绪上的压抑感。而宽松柔软的服装会令你呼吸轻松、血液循环畅通，不良情绪也会得到缓解。

（4）不系领带

不系领带能减轻束缚，带来轻松舒适的感觉。经常觉得情绪压抑，或者容易愤怒的男士要切记，在非重要或者非特别的场合，最好不要系领带。我们常常在影视作品里看到西装革履的人心情郁闷或烦恼的时候，都会第一时间解开自己的领带，以此来平复心情。

6．易怒者要学会控制愤怒情绪

　　美国著名心理学家大卫·伯恩斯认为，假如人的怒火无法控制，又找不到有效的解决办法，这时人们只能被仇恨折磨至疯。所以，应该尽量避免自己产生愤怒情绪。人们不妨试着想一想自己生命中快乐的时刻，再问问自己："你愿意用多少分钟的平静或欢乐来换取沮丧和愤怒？"

　　每个人都会产生愤怒的情绪，但是相对而言，总有一些更容易被激怒的人，而美国有一项研究结果，易怒者罹患冠心病的危险要高于那些不易动怒者。

　　美国佐治亚州亚特兰大疾病控制与预防中心的研究人员认为，易怒倾向的人格特性能让一个人处于心脏病的高危状况，而且得高血压的概率也会有所上升。这项结论，是对近13000

名中年男女进行了长达五年的追踪研究后得出的。在研究中，有6%的受试者认为自己属于急躁、易怒的性格，这些人患心脏病的危险比不易动怒的人高出两倍多，心脏病发作或因心脏病死亡的危险也比普通人高出两倍多。

那么，易怒者应该如何控制自己的情绪呢？

（1）质问自己的内心。

你可以在心里问问自己："在我的生活中，究竟是什么使我形成了时时刻刻都能产生怒气的感觉，而这种感觉又是从什么时候开始让我反复体验的？"通常来说，人在分析之后，会发现自己的易怒情绪往往都有较长的历史根源。

（2）动怒之前暂缓30秒钟。

30秒钟的时间，可以让大脑有时间来分析一下自己发怒、冲动或报复的后果，认识到后果的严重性，人们或许会因此冷静下来。

（3）训练自我约束能力和放松能力。

事实证明，同样的举动，不同的人会有不同的理解方式，所以当你感觉自己将要动怒时，用不同的方式去分析让你愤怒的原因，往好的方面想，这样你就不会轻易动怒了。

（4）尝试做出建设性的行动。

美国社会心理学家梅奥对容易发怒的人提出了这样一个建

议：试试推迟你的动怒时间。如果你在某一具体情况下总是动怒，先尝试着推迟15秒钟，然后照常发火；下一次就推迟30秒，推迟时间不断增加。多次练习之后，你便知道该如何消除自己的愤怒情绪了。

比如你可以跟你的朋友商量好，如果你发火了，朋友要第一时间提醒你。这时你要停下来想想自己在干什么，自己应该怎样做，然后努力推迟动怒时间。

（5）试着写"动怒日记"。

用强制的方式记下自己动怒的时间、地点和事件，持之以恒，你就会发现，记录动怒的行为本身将促使你减少动怒的情绪。比如说，遇到交通堵塞时，你可以计算一下时间，看看自己能多长时间不动怒。面对路过的行人，你可以有修养、有礼貌地向他们打个招呼，相信他们也会还之以微笑。这时坐在车里等待的你，也会感到愉快，动怒的概率就会大大降低。

引起愤怒情绪的因素有很多：

首先，如果你常看到自己的父母怒气冲冲地去做事，潜移默化之下，你使用同样方式的可能性就增加了。

其次，如果你在生活中受到了挫折，感觉到了压力，无法疏解时，就容易发脾气，也就是我们说的愤怒情绪。

再次，如果你在工作、生活中经常感到疲倦，动怒的可能性也很大。

最后，如果你总是把怒气憋在心里，而不倾吐出来，就很可能会突破愤怒极限，发生"爆炸"。

你可以留心观察一下，自己在哪种情况下最容易发火，以后遇到这种情况就提高警惕。如果你觉得自己是易怒人群中的一员，可以对照下面的描述，看看自己属于哪种类型：

（1）愠怒型

如果生气，这类型的人会一屁股坐到椅子上，不再出声，也不再看别人。

（2）"破坏家庭"型

感觉不舒服、不痛快的时候，他会将不满发泄在爱人或亲人身上。

（3）注意转移型

愤怒时，这个类型的人会选择不去理会引起不快的事物，转而去看当天的报纸新闻，或者将收音机的音量开得很大。当有人问他为什么这样做时，你会用"我不知道""我忘记了"或"我累了"来做借口。

（4）指责型

愤怒时，这类人总是习惯性地到处说别人的不是，却很少会为自己的缺点承担责任。

（5）报复型

这种人总是相信，自己有权用任何手段报复他人，当别人问起原因时，他会回答："这是他们自找的！"

以上五种类型中，除了"注意转移型"之外，其他类型的做法都不是解决愤怒情绪的明智做法。所以，如果你属于其中一个类型的话，就应该加以注意，并根据自己的特点，"防患于未然"。

第 12 章

心理暗示：疗愈自我的神奇法则

埃尔默·盖茨教授说："经验告诉我，易怒的、厌恶的、消极的情绪会在身体里形成有害成分，这些成分有些是极其致命的；同样，愉快的、高兴的情绪会产生对人体有益的化合物，刺激细胞制造能量。"

"病由心生"并不是空话，一个人如果不能很好地照顾自己的心理环境，让负面情绪长期占据，由此产生的消极暗示会传达给潜意识，并在脑海中形成心理图像。当潜意识将这些心理图像转化成具体的图像后，这个人的身体就会产生变化，这种变化就是疾病生成的雏形。所以，消极暗示会导致疾病，积极的暗示可以治愈疾病。

1．潜能量：肯定自我的暗示法则

什么是自我暗示？简单来说，自我暗示就是一种自我肯定，也就是通过主观想象某种特殊的人和事对自己进行刺激，以达到改变行为和主观经验的目的。

自我暗示又分消极暗示和积极暗示。

消极的自我暗示可误导个人的判断和自信，使个体生活在幻觉中不能自拔，并做出脱离实际的事情来。这种暗示会让人对外界事物的认知形成某种心理定式，从而导致偏听误信，凭直觉办事。而积极的心理暗示是自我肯定，是对某种事物的有力、积极的叙述。

因此，积极暗示会带给人不可估量的成功系数，这是一种强有力的技巧，能在短时间内改变个体对生活的态度和期望，让一个不够优秀的人变得非常优秀，让一个难以成功的人有机会成功。这种肯定自我的心理暗示已经越来越多地被广大心理专家运用，同时也被越来越多的人用来缓解压力和实现成功。

德国心理学家赫尔曼·艾宾浩斯指出：自我对话的基本前提和原则就是肯定自我，它能够让我们用更加积极向上的想法和观念，来代替脑海中那些不美好的想法和思维模式。这其实也是一种非常强大的自我暗示技巧，能在短时间内改变人们对生活甚至人生的态度，拉近人们与成功的距离。

美国著名心理学家哈罗德·凯利曾经做过一个与著名的罗森塔尔效应很相似的实验，他想告诉人们的是，肯定自我的心理暗示能够带给人们强有力的力量来发挥自己的潜能，从而做到最好。

当时正值新学年开学之际，哈罗德请校长分别叫三位教师来办公室，分配给他们一个很重要的任务：校长从全校挑选出100名最优秀的尖子生，将其分为三个班，分别让他们带领。校长还在这三位教师面前称，由于他们是全校最优秀、最出色的教师，才会将这个重任交给他们。由于这100名学生是拔尖的，所以校长希望这三位老师能够认真教授，不要给最优秀教师丢脸。

这三位教师听说自己不但是最优秀的教师，还接受了最重要的任务，都非常高兴，他们郑重表态，一定会努力培养这些学生。但校长叮嘱他们，对待这些学生的方式也要像对待其他学生那样，不要太过张扬。

这个实验正式开始了。一年之后，结果出来了：这三个班级的成绩在全年级中是最好的。这时，凯利和校长将这三位老师再次叫到了办公室，对他们说出了实验的实情：其实这些学生根本就不是最优秀的，只不过是随机抽取的最普通的学生而已。三位教师听到之后非常诧异，但更令他们惊喜的是自己的教学水平得到了肯定。这时候，凯利又说出了另一个让三位老师难以置信的事情：他们并不是最优秀的，也是随机抽取的普通教师。

其实在有了罗森塔尔效应之后，凯利对这个结果已经不再惊讶了，只是这个实验更能验证这样的事实：之所以会有这样的优异成绩，其实就是这三位教师在教学的时候总会在内心进行自我心理暗示，肯定自我，对工作充满无限的信心，而这样的肯定自我激发了他们的潜在能量，最终他们真的成了全校最优秀的教师。

其实，这也证明了在做任何事情的时候，哪怕是最困难的事情，如果能够充分肯定自我，拥有强有力的自我暗示心理，那么就等于接近成功了。

很多人都喜欢阿根廷的10号球员梅西，他在2009年曾获得世界足球先生，多次带领球队杀进欧洲杯、国王杯的决赛，2010年，他还获得国际足联的金球奖，在本届巴西世界杯上，梅西也有惊人的战绩。其实，人们除了喜欢在球场上的梅西，还敬佩他幼年对梦想的坚持。

生于1987年的梅西，五岁的时候就已经表现出了足球天赋，开始在当地一家俱乐部踢球，而教练正是他的父亲。幼年的梅西找到了自己的人生乐趣，没日没夜地踢球。然而11岁的时候，梅西却被医生诊断出发育激素缺乏，这意味着他会长不高，因为骨骼的发育将受到阻碍。而骨骼对一名足球运动员来说极其重要，甚至可以说就像战士的枪一样重要，所以当时的小梅西十分不开心，而家境的贫穷也让这个小男孩不得不选择放弃自己喜爱的足球。为了让儿子继续他的梦想，父亲不惜花掉家中所有的钱为其治疗。就在梅西的父亲倾尽所有的时候，巴萨的雷克萨奇听闻了这件事情，找到了梅西，观看了他的足球比赛，认为这是一位未来的足球新星，于是他把梅西带到了欧洲，决定让其接受更好的训练和治疗。

2000年，13岁的梅西只有140厘米的身高，当时球队中的人都笑话他个子矮，连教练都差点儿放弃了他。可是梅西没有放弃自己，他总是在内心对自己说："梅西，你可以的！"每次进球，他都会对自己说："好样的！梅西，你是最棒的！"正是他的这种自我肯定，才让他内心的潜能量无限爆发。他虽然在骨骼发育上有一定的障碍，但这完全没有影响他的足球魅力，很快，巴萨青年队的教练发现了梅西的超强天赋，迫不及待地想要与这位年轻的天才签订一份长达12年的合约。

但是国际足联规定，未满20岁的球员不能签超过5年的合约，所以这项合同只签到了2005年。在这期间，巴萨的教练竭尽全力帮助梅西治疗，2003年，梅西的身高长到了169厘米，已经达到了足球运动员的标准。而梅西总是自我暗示，每天都跟自己对话，鼓励和肯定自己，从来不服输，认为自己就是最优秀的选手。无疑，这是一种强有力的自我心理暗示技巧——这为梅西带来了潜意识里的无穷力量，让他一次次地攀登上了足球的巅峰。

梅西的成功其实并不是偶然，而是源于自我暗示带给他的潜能量。他始终都没有放弃自我，从而发挥出自身的潜能量，最终才走向了成功。

法国知名的认知学家加斯东·巴歇拉尔认为，自我暗示一定要在恰当的时机进行，并非任何时候都要盲目地肯定自我，否则不仅不能达到效果，还很难激发出潜能量。

（1）要用现在进行的状态来自我暗示，而不是用将来的话语状态

比如，要经常这样对自己说"我现在已经越来越棒了"，而不是"我将来一定会越来越好"。因为人在潜意识里会对自我肯定有一定的反应，对自己说"我将来一定会越来越好"，那么另一个反对你的潜意识就会说："你将来会变好吗？很难说。"

（2）自我暗示要在最积极的方式中进行

"我再也不能懒惰了"和"我现在越来越努力勤奋了"，这两个自我认可的话语看似意思是一样的，但是积极程度却不一样。前者虽然认识到了自己的懒惰，却没有下定决心去改，而后者有一种积极去实践的感觉，所以很容易达到效果。

（3）自我肯定的时候，语句越简短越好

自我暗示需要强有力的说服力，一定要表达出强烈的情感，这样才能深入内心。那些长篇大论的自我肯定缺乏情感上的冲击力，难以起到自我暗示的作用，也就不能激发出潜意识的能量。

（4）要让你的潜意识相信自我肯定

在自我肯定的时候，要尽力创造出一种可信的感觉，让潜意识完全接受积极的信息，从而让潜能完全地爆发出来。

2．消失的疼痛：暗示的力量

　　医学界的专家很早之前就已经认识到人的心理状态会影响生理机能。19世纪末，就有研究人员发现了心理暗示在医学治疗方面的惊人作用，现在，自我暗示的优异疗效已经成为公认的事实，在法国巴黎，还成立了一所专门的心理暗示学院。

　　在现今社会中，各种疾病层出不穷，每隔一段时间就花样翻新，这些疾病一部分是吃出来的，还有一部分是"想"出来的，光靠药物治疗不能解决根本问题。如果人们能掌握自我暗示的方法，就可以自己进行治疗，做自己的心理医生了。

　　潜意识控制着一个人的心跳、血流、呼吸等基本的身体机能，潜意识输入某些信息后，身体机能就会产生相应的变化。

比如，生气的时候，呼吸就会变得急促，心跳也会加快；内向的人在公众场合说话，脸会变得通红，心跳会加快，四肢会颤抖。这些反应，都是潜意识在作怪。自我暗示是直达潜意识的，当产生消极暗示时，潜意识会做出相应的反应，情绪和身体随之发生相应的变化。

"病由心生"并不是空话，一个人如果不能很好地照顾自己的心理环境，让负面情绪长期占据，由此产生的消极暗示会传达给潜意识，并在脑海中形成心理图像。当潜意识将这些心理图像转化成具体的图像后，这个人的身体就会产生变化，这种变化就是疾病生成的雏形。所以，消极暗示会导致疾病，积极的暗示可以治愈疾病。

法国心理疗法专家埃米尔·库埃曾经接触过这样一个病例：一个患有心内膜炎的男孩被他的父亲搀扶着走进了库埃的研究室，当时，男孩脸色苍白，每一次呼吸都感觉非常痛苦。男孩的父亲向库埃解释了男孩的病情，库埃当时并没有多大的信心完全治愈他，但是，库埃认为可以通过暗示给小男孩一定的帮助。

库埃拉着男孩的手，向他解释了自我暗示的力量。为了说服男孩相信这种力量的神奇，他让男孩紧紧握着他的手，在想着或者说"我不能松手，我不能松手"时，真的不能把手松开。最终这个男孩被库埃说服了，满怀信心地走出了库埃的研究室，走之前他向库埃保证，一定遵从库埃教给他的话，每天进行自我暗示。

几个星期后，男孩再次找到了库埃，此时，他已经可以自由走动，呼吸也变得顺畅了。不过，他的身体状况仍然很糟，而他依旧坚持进行自我暗示："每一天，在每一方面，我正变得越来越好。"

　　后来，库埃再次见到男孩的时候，他正在和一群小伙伴踢足球，外人根本看不出来他正患着如此严重的疾病，他俨然已经是个健康而强壮的男孩了。

　　库埃通过教给男孩自我暗示的方法，成功地帮助他摆脱了疾病，虽然男孩的疾病没有痊愈，但是，至少他可以像正常人一样生活了。这就是自我暗示的神奇力量。

　　疼痛是常见的问题，有的人会因为磕破了皮大声喊疼，有的人则正在忍受着关节疼痛的折磨。无论疼痛发生在哪里，腿部、胳膊、脑袋，甚至是内心，从疼痛的那一刻起，你要相信疼痛正在一点点消失，告诉自己疼痛不会再回来了，这样就会发现，不仅疼痛的感觉消失了，就连其他症状也在慢慢消失。而总是想着疼痛，甚至夸大疼痛，这种消极暗示只会让潜意识认同这种暗示，让疼痛加重。

　　不要嫌烦，时刻进行积极的暗示，一天几十次甚至几百次，直到潜意识认同了积极的暗示，并帮助减轻了痛苦甚至让痛苦完全消失。

　　例如，胃病是由不良的饮食习惯造成的，在改掉不良的饮食习惯后，就可以进行积极的心理暗示，跟自己说悄悄话，或者大声喊出来，告诉自己身体正在一点点强壮起来，胃部造成的损伤正在修复。在胃病发作的时候，一直进行这样的自我暗示，这样，潜意识会更快地接受自我暗示传达的积极信息，那么胃病也会更快好起来。

3.重塑自我：重生的力量

生活中，有的人愁眉苦脸，有的人喜笑颜开；有的人自卑，有的人自信；有的人面对失败总能重新站起来，有的人从此一蹶不振、萎靡消沉。为什么会有这么大的差距？面对自身的缺陷和消极的心理，如何才能克服困难，改变自己，重新塑造一个自信、乐观、坚强不屈的自我？答案是，只有通过自我暗示，才能激发体内无限的潜能，利用自身的潜能，给心灵重建健康向上的环境。

德国著名精神病学家和心理分析学家卡尔·亚伯拉罕曾经说过这样一句话："一个人习惯在心理上进行什么样的自我暗示，往往就会收获什么样的成功。"可见，自我暗示对于一个人的生活有多么大的影响，如果能够很好地掌握这一方法，不仅可以改变自身，也能改变世界。

　　在一个小镇上，有一个非常贫穷的小女孩，她在很小的时候就失去了父亲，和母亲相依为命。18岁之前，她竟然从来没有穿过一件漂亮的衣服，也没有戴过任何首饰，贫穷的环境让她渐渐产生了自卑心理。

　　18岁那年的圣诞节，母亲给了她20美元，让她去买一些喜欢的东西作为圣诞礼物。女孩在去商店的路上一直贴着墙根走，自卑让她总想避开人群。

　　一路上，她看见所有人都比自己穿得好，沮丧极了，她在心里不断地告诉自己：我是这个镇上最穷困的女孩，也是最抬不起头来的女孩。看到自己心仪的男孩，她又自卑地想：在今晚的舞会上，谁会愿意做我的舞伴呢？

　　就这样，她愁绪满怀地来到商店。进去后，她被各种各样的发饰吸引住了，每种发饰都是那么漂亮。这时，一个售货员走过来对她说："小姑娘，你的亚麻色头发漂亮极了，如果佩戴这个淡绿色的头花，一定非常好看。"女孩听到这样的赞美，心里自然美极了。可是当她看到那朵头花的标价是16美元的时候，心里顿时凉了下来，她说："我买不起，不试了。"但售货员还是热情地将头花戴在了小女孩的头上。

　　售货员找来一面镜子，女孩从镜子里看到自己时，非常吃惊，她从来没见过自己戴头花的样子，在漂亮的头花的映衬下，女孩仿佛变了一个人，面容就像天使一样美丽动人。她不再犹豫，掏出母亲给的20美元买下了这朵头花。她心里无比激动，接过售货员找的零钱后转身就往外面跑去。在门口，她撞到了一位刚进门的老绅士的身上，老人叫了她一声，可是她不想停下脚步，只想尽快回家。

回家的路上，她不再贴着墙根躲躲闪闪地走了，而是不知不觉中走在大道上，她发现所有人都向她投来了惊讶的目光，还有人议论说："没想到这个镇上竟然有这么漂亮的女孩，她是谁家的孩子呢？"她再次遇到了心仪的男孩，男孩叫住了她，并邀请她参加晚上的舞会，做自己的舞伴。

女孩既吃惊又幸福，她决定用剩下的4美元再给自己买一些东西，于是告别了男孩，又回到了那家商店。刚进门，那位老绅士就微笑着对她说："孩子，我知道你会回来的。你刚才撞到我的时候，头花掉了下来，我一直在这里等着你来取呢。"

故事中的小女孩从一个自卑的人转变为自信漂亮的女孩，这个过程中，关键的就是那朵头花，然而，头花却在商店门口掉落了。所以，真正让女孩改变的不是那朵头花，而是头花带给女孩的自信。

自信带给了小女孩积极的自我暗示，所以她从内到外散发出自信的光芒，举手投足都会引来众人的目光。

弗洛伊德说："潜意识是意识的忠实奴仆。一个人给潜意识的积极暗示越多，潜意识给他的积极反馈就越多；一个人给潜意识的消极暗示越多，潜意识给他的消极反馈也越多。"与之相应的，有一种奇特而有趣的说法，当一个人搜索某个事物时，如果他的潜意识将这个事物的图像清楚地浮现在脑海里，就很有可能会找到它；如果没有这样做，他就找不到这个事物。

我们再来看下面这个例子：

格尔曾经是美国军队的一名牧师，据他讲述，二战期间，他乘坐的飞机受到敌人的攻击，他跳伞落到了新几内亚高山的丛林里。当时他害怕极了，身处这么大的丛林，不饿死也会被野兽吃掉。稍微冷静一点儿的时候，他明白，他正被一种不正常的恐惧控制着。

于是，他决定立刻消除这种恐惧心理，他对自己说："格尔，你不能向恐惧投降，你应该期盼安全获救，而不是等待死亡，你一定会有出路的。"

他来到了一条小路上，等心情放松下来以后，他开始祈祷："万能的神啊，你将飞机引到这条路上来，现在，你要引导我走出丛林，让我安全获救。"就这样，格尔对自己大喊了十几分钟。

"突然，我感到心里面被什么东西叮了一下，我想那就是信念。"格尔说，"我被一种力量带领到了小路的另一头，在那里有一条道路，我就开始沿着那条路走。走了两天后，我奇迹般地看见了一个小村庄，村里的人很友好，他们给我提供吃的，并把我带出了丛林。最终，我被一架救援飞机接走了。"

格尔的成功脱险，来自于坚定的信念，这种信念就是通过积极的自我暗示获得的。格尔后来又说："如果我当时抱怨命运，沉湎于恐惧的情绪中，我会屈从于死亡般的恐惧，也许我就真的死于饥饿和恐惧了。"

通过这个故事可以看出，自我暗示真正改变的是人的内心，而要想改变自己，重塑自我，同样应从内心开始。只有改变了内心，才能改变自我。格尔通过自我暗示，成功摆脱了负面心理，找回了活下去的坚定意志力，他改变的不仅仅是自己的心理，也是自身的命运。

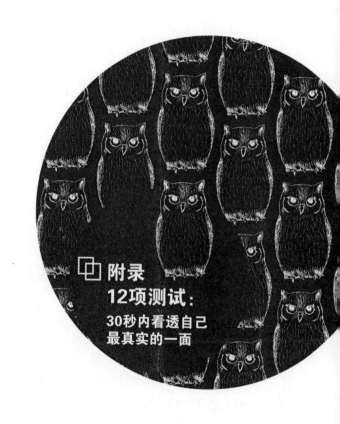

附录

12项测试：

30秒内看透自己
最真实的一面

测试你最假的一面

现在的人或多或少都戴着面具生活，让人觉得很假，下面有个测试，来看看你内心最假的一面是什么吧！

有一天做梦，你发现自己的前世居然是个权倾一时的大人物，你觉得你会是：

A.皇帝

B.大将军

C.大祭司

D.从天而降，被以为是神的外星人

答案分析：

选择A：你最希望能以气质来吸引人，所以有事没事总爱咬文嚼字，或是故作优雅，是个"假"绅士（淑女）。

选择B：你最希望以强势的办事能力来吸引人，所以在工作上力求表现，总喜欢用权谋，不管实力如何，喜欢在长官面前吹捧或是争功，是个喜欢假装自己很有料的"青蛙"。

选择C：你希望以内心温柔感性的一面来吸引人，所以不管厌恶不厌恶对方，总喜欢装着和善可亲的样子，是个"伪"善人。

选择D：你最希望以学识和理性的那一面来吸引人，常有事没事就开始跟人谈论起小到时事，大到世界宇宙、人生哲理，用些艰涩的名词来使大家苦恼，是个"假"博学家。

测试你在恋爱中的性格特征

　　如果有一天你恋爱了，你认为以下哪种事情会是你们喜欢且最经常做的?

　　第一种：一起快乐地逛街购物。

　　第二种：一起到浪漫温馨的咖啡厅共度美好的一天。

　　第三种：一起看最新上映的电影。

　　第四种：一起到海边拾贝壳。

　　选择第一种方式，你是个性情随和的人，非常喜欢结交不同性格特征的异性朋友。你的恋爱观是：性格不合适就分开，无论对方付出过多少，所以你总是恋情不断，也几乎没有一段真正的恋情。在外人看来，你很会讨他（她）欢心，也活得潇洒自如，其实你的内心同样渴望得到属于自己的恋情。只不过你不能接受对方不完美的一面，从而导致不断发生新的没有深刻印象的恋情。或许随着年纪的增大，或者是出于婚姻的承诺与束缚，你才可能收起内心放荡不羁的轻狂。

　　选择第二种方式，你是个喜欢浪漫的人，但不习惯和异性谈心，即使你和他（她）有了恋情，这种情况也不会改观。如此一来，对方就会觉得你是个不善沟通、让人捉摸不透的人，也因此认为你不能给他（她）带来安全感。在这种情况下，一旦双方发生误解，你们就会互相猜来猜去，成为一对"猜情人"，最终你们只会在相互的猜测中结束恋情。或许你们真的不了解对方。

选择第三种方式：你是个不喜欢沉闷气氛的人，虽然你有时在异性面前会表现得很沉闷，但你却一直努力想改变这种情况。而你还是个不懂得真正关心对方感受的人，在对方情绪低落时不能及时给予安慰，最终让对方感觉你是个冷漠的人。只有当失去美好的恋情后，你才恍然大悟。或许你不缺乏新的恋情，但你要明白，恋爱是需要付出的，更是需要两个人用心去维系的，缺少这些的话，是很难促成美好姻缘的。

选择第四种方式：你是个非常看重感情的人，更是个懂得珍惜对方的人。当遇到心仪的他（她）后，你很快便会投入。在你看来，感情是需要真心付出的，更是需要用心呵护的。在这种情况下，你不会主动背叛对方，如果对方同样这样对待你，你们就可能白头偕老。但当对方背叛你时，虽然你的内心非常失落和无奈，但经历了苦痛的心理折磨后，你会毅然决然地放弃那段浮云般的恋情，重新追求新恋情，最终也收获到属于自己的幸福。

测试你是否有恋母情结

为了探究一个人的恋母情结的强弱程度，哈佛心理学家们设计了各式各样的测量标准，但是大多数评估方式都很烦琐，统计测量起来也非常棘手。而下面这个测试方法仅仅通过睡姿就可以大体检测出这个人的恋母情结有多浓厚，我们也不妨一试。

A. 俯卧型（独占床的人）。

B. 王者型（仰式睡姿的人）。

C. 胎儿型（脸部隐藏起来，身体蜷缩成一团）。

D. 半胎儿型（侧卧，膝盖稍微弯曲）。

选择A的人恋母情结并不明显，他们喜欢以自我为中心去思考问题。对于他们来说，变身俄狄浦斯的可能性不是没有，但不会太大。现在大多数成熟男性，实际就是处于这一种状态。

选择B的人恋母情结是最微弱的，他们在行事中充满了自信，精神上非常独立，对母亲的依恋也是最少的。对于他们来说，母亲反过来依附他们倒是有可能。

选择C的人恋母情结最为强烈，他们在潜意识中依然将自己看作需要保护以及渴望受到关怀的小孩子。这类人的心理年龄往往要比他们的实际年龄小3～5岁，在和女孩子交往的时候，他们的表现往往呈现出这样一个有趣的现象：年纪稍小的女孩子会是他们疯狂追求的对象，同时，他们和年长的女性关系也很和睦。

这样的现象很好理解，这类人在潜意识里总是认为自己很年轻，那些和自己年纪相仿的女孩子在他们看起来要"大于自己"，所以他们在恋爱时表现出"萝莉控"倾向；而那些年长的女性，在这些人的潜意识里则是能够保护他们的尊长，和她们在一起是比较安全的。总体而言，这种人的恋母情结是最重的。

选择D的人往往是在父母的溺爱中长大的孩子，他们情绪忽高忽低，看上去有点儿不近人情。这类人也带有浓厚的恋母情结，表面上看起来他们非常强硬、顽固，但在内心里，他们依然是比较敏感脆弱的。

测试你的心理特征

你和三个好朋友外出乘坐出租车时，你通常会选择坐在出租车的哪个位置？

A. 坐在副驾驶的位置上。

B. 坐在司机后排的位置上。

C. 坐在后排靠近右侧的位置上。

D. 坐在后排中间的位置上。

选择A：选择坐在副驾驶位置上的人是心思缜密的人。做好自己分内工作的同时，你也会帮助其他人完成工作，即使有时你感觉到劳累，也会坚持帮助别人。但对于别人给予自己的帮助，你会婉言谢绝，因为你是个付出但不求回报的人。因此，越来越多的人能得到你的帮助，同时这些人也能与你建立起良好的关系。

选择B：你是个自尊心非常强的人，自身也拥有很强的控制欲望。无论是在生活中还是工作中，你不喜欢被别人支配，而是喜欢指挥别人。很多时候，你给人一种高傲的姿态，别人通常会抱怨与你交往有压力。其实从另一个角度来看，你表面上看似高傲，但内心深处还是乐于帮助别人的，只不过你帮助别人的方式不容易让人接受罢了。只要适当做出调整，别人一定会改变对你不好的看法。

选择C：你是个细心的人，同时也善于照顾别人。在别人眼中，你是行动果断而又敢作敢当的人，因此你也能获得更多的朋友。但你并不是善于向别人敞开心扉的人，如此一来，别人有时候会对你产生误解，但当别人知道你的良苦用心后，你们之间的误会就会烟消云散。

选择D：很多时候，你是内心害怕孤独的人。在现实生活中，你或许缺乏主见，非常喜欢听从别人的建议。如果没有别人在身边帮助你，你会表现出焦虑的情绪，甚至还会寝食难安。无论在何种场合，你都习惯于在团队中，因为只有这样才能让你心里有一丝慰藉，不至于感到孤单。此外，你不喜欢和别人争吵，因此，别人在与你沟通时会感觉非常畅通，甚至让人觉得你是最好的聆听者。

测试你的人际交往能力

如果你正在跟好朋友聊天，而好朋友的朋友却忽然到访，并使你们的聊天终止，这时你会怎么办？

A. 对朋友的朋友视而不见，等待其离开。

B. 主动和好朋友的朋友攀谈。

C. 站起来和好朋友道别。

D. 和好朋友的朋友打完招呼后借故离开。

选择A：别人都说好朋友的朋友就是自己的朋友，但这句话在你这里是行不通的。在你看来，自己不认识的人就不是你的朋友，因此当你看到好朋友的朋友过来时，你不会和他打招呼，更对其采取视而不见的态度，除非你的好朋友介绍你们认识后，你才可能去和他们说话。在骨子里你是个高傲的人，很多人会认为你不容易接触，即使别人说得对，你也不会因此改变自己。但很多时候，你这样的做法很可能会让你的好朋友感到尴尬，不能接受你如此冷漠的态度。

选择B：你是个热情的人。很多时候，你能快速融入新环境。当你来到新环境时，在对环境不熟悉的情况下，你是第一个敢于打破沉闷气氛的人，也懂得营造良好的沟通气氛。你在别人眼中绝对是个交际高手，可以在任何环境中与不同性格的人打成一片。而能将好朋友的朋友当成自己的朋友是你最大的优点，因为在你的观念里，对待好朋友的朋友就应该友善，这样不仅能多结识一个朋友，还能让你的好朋友有面子，最终加深你们之间的友谊。

选择C：在别人眼中，你可能是个对人冷漠的人，而且你不懂得尊重别人的感受。很多时候，你的主观意识很强，认为别人要以你为中心，当别人没有做到这一点时，你的情绪就会变得非常糟糕，认为别人是有意在给你制造麻烦。当看到你的情绪发生如此变化后，你的好朋友虽然想安慰你，但知道你的个性后就会选择沉默不语。

选择D：你给人的印象还是不错的，别人对你的评价也相当好。你是个性格开朗且细致入微的人，你的好朋友非常愿意与你在一起，因为你能帮助他们答疑解惑。此外，你是个懂得察言观色的人，可以敏锐地感受到外界的事情，以便采取对应的措施。你的好朋友经常会在外人面前称赞你，认为你是个值得交往的人。

测试你的情绪控制力

你们知道如何正确发泄情绪吗？请做以下测试题：

1. 人应该从不或极少发泄情绪。

2. 要避免发泄愤怒情绪，因为绝大多数人会将其误解为仇恨。

3. 宁愿掩盖对朋友的愤怒情绪，也不要冒失去朋友的危险。

4. 没有人能够靠发泄情绪在争论中获胜。

5. 宁愿自己解决心中的怒火，也不向别人倾诉。

6. 遇到不好的情况时发怒，是不成熟或不高尚的反应。

7. 你正对某个人发泄情绪时，处罚对方可能是不明智的行为。

8. 愤怒不断高涨，只会将事情弄得更糟糕。

9. 情绪不好时，应该尽量掩饰，因为发怒会让一个人出丑。

10. 当你对亲密的人感到愤怒时，应该以某种恰当的方式表达出来，尽管这样做会使你很痛苦。

每题共有三种选择，即：A. 同意（1分）。B. 部分同意（2分）。C. 不同意（3分）。将每题的选择对应的分数相加，便可以看到测试结果。

　　测试得分在10～16分的人：你必须承认你在情绪的掌控和发泄方面还存在严重的不足，因为你不懂得如何处理和表达自己的情绪，从而改善与周围人的关系。或许你的内心已经感受到了蓄而不发的不良情绪给自身或朋友带来的烦恼，但你仍旧不懂得如何去改善。因此，请记住，正确表达出你的内心情绪，哪怕是愤怒，这都胜于将一切深埋在心底或者事后幻想以及后悔等。

　　测试得分在17～23分的人：你对怎样表达、发泄不良情绪和使不良情绪烟消云散以及这样做的道理都有一定的理解和掌握，但你对于情绪的掌控和发泄仍然存在不足，不过还有改进的空间。

　　测试得分在24～30分的人：你是懂得如何更好地表达和掌控自己情绪的人，虽然你自身也存在一些不良情绪，但你总是能够正确地将之发泄出来。另外，你还懂得如何利用自身的情绪发泄去改变他人的情绪，从而使你在生活中能够更好地维护周围的人际关系。

测试你的冷漠指数

假如你和好友在车站道别之后，你发现他的东西还在你的公文包里，此时你会采取什么样的措施呢？

A. 立刻送到他家里。

B. 邮寄给他。

C. 暂时带回家，仔细考虑一下怎样做才比较合理。

D. 打电话通知他，并约好时间让他来取。

测试结果如下：

选A的人属于热情洋溢的激情派，他们对待朋友的时候总是随叫随到，甚至比优秀的快递员还要可靠。这类人自然而然是很受欢迎的，但是他们也有一些需要注意的地方，比如凡事都喜欢过问，爱在别人面前吹嘘自己的英雄事迹，时间久了，就会给受助者带来极大的心理压力，从而造成适得其反的结果。

冷漠指数得分：15分。

选B的人在现实生活中是很好相处的人，他们开口就是"OK（好）"和"YES（是）"，可以说是极端的利他主义者。如果让他们拒绝别人的要求，简直和出门被砖头砸到了一样。这类人也是有缺陷的，因为他们看上去这么好，所以显得有些假……

冷漠指数得分：30分。

选C的人是标准的懒汉，在某些时候，他们看上去似乎小心翼翼，但实际上却显得拖拖拉拉，并且不切实际。这类人的冷漠指数实际上处于不高不低的状态，因为从内心来说，他们也是希望为别人解决问题的，但瞻前顾后思考太多，所以到头来也许什么也没做。这样的结果对于受助者来说，实际上是非常糟糕的。

冷漠指数得分：65分。

选D的人往往冷若冰霜，他们或许有点儿小才华，因而恃才傲物，很多事情在他们眼里看起来都无关紧要。由于自诩高人一等，他们很少愿意置换、感受他人的痛苦，同时也不愿意将自己的故事讲述给其他人听。这种冷酷到底的家伙，离群索居的隐士这一职业还是蛮适合他们的。

冷漠指数得分：90分。

另，冷漠和热心从来都是一对欢喜冤家，然而在不同的条件限制下，一个人的冷漠程度也是可以转化的。比如在自己喜欢的人面前，我们就显得非常积极主动，而在一些不喜欢的人面前，即便再热情的人，他的积极性也会受到"冷空气"的影响。

美国心理学家爱德华·李·桑代克认为，一个人对外界是否关心，一部分取决于这个人本身，另一方面还要看外界环境对于他的诱惑力有多大。在桑代克看来，大多数人其实还是偏向于热情一方的，只要保证他们本体的安全，再加上外界环境的影响，诱发他们的热情还是比较容易的。

测试谁是你的最佳倾诉对象

如果你看见有一只蝴蝶正翩翩飞舞在花丛中，那么，你认为这只蝴蝶会选择落在什么样的花朵上面呢？

A. 在花丛中长得最高的花。

B. 在花丛中长得最低的花。

C. 在花丛中长得不高不低的花。

D. 在花丛中开得最旺盛的花。

E. 在花丛中离你最近的花。

如果选择A，你的最佳倾诉对象就是你的老师或上司。

如果选择B，你的最佳倾诉对象是你的朋友。

如果选择C，你的最佳倾诉对象是你的前辈。

如果选择D，你最亲密的恋人便是你的最佳倾诉对象。

如果选择E，你的最佳倾诉对象是你的亲人。

测试你的意志力

当你认真绘画时，如果你的好朋友非要让你去外面踢足球，你会如何做呢？

A. 放下画笔和朋友一起去踢足球。

B. 告诉朋友先完成绘画后再去踢足球。

C. 说服朋友和自己一起绘画，最终完成绘画。

D. 开始坚持不去踢球，可最终还是被朋友说服去踢球。

选择A：你是个经不住诱惑的人，也没有做事善始善终的观念，当别人向你提出一个观点时，你会毫不犹豫地答应他。虽然这样会博得别人的认可，可时间一长，别人就会对你失去兴趣，认为你是个没有主见的人，如此一来，别人也不再愿意继续与你交往。

选择B：你是个做事有始有终的人，更是个坚持原则的人。在别人眼中，你对工作的态度非常认真，在没有完成某项工作前，你是不会轻易退出的，因为那样会让你觉得工作得不完美。你的这种追求完美的精神在很多时候都能得到别人的认可，甚至有人会将你视为学习的榜样。

选择C：在朋友眼中，你是个具有强大说服力的人，是个时间概念和工作态度非常强的人，在你看来，工作就是工作，不能出现任何失误。虽然你具备这样的特质，但很多人会对你的某些行为不认可，认为你思维不灵活、墨守成规，还会认为你是不懂别人感受的人。因为很多时候，你做事只懂得追求自己想要的效果，而对于别人的提议视而不见。久而久之，你的朋友会对你的这些行为表示不满，甚至与你发生激烈的冲突。

选择D：虽然你是个勤奋的人，但外界的任何风吹草动都能让你浮躁的心泛起波澜，而且你还是不能坚持到底的人；虽然你早期制订了看似宏伟的奋斗计划，但当受到外界的刺激以及别人的教唆后，之前的计划就会被你抛诸脑后，你也因此落下了"大话先生"的称号。

测试你的虚荣心有多强

在眼前的四种药物当中，有一类是延年益寿的神药，而其他几种服下之后则会让人拉肚子。现在将它们摆在你的面前，你认为哪一种是延年益寿的神药？

A. 看上去有点暧昧的蓝色药片。

B. 闻上去有点花露水味道的淡绿色药膏。

C. 成分不明的黑色药丸。

D. 牛奶一样的白色液体。

选择A的人虚荣心是最为严重的。

选择B的人比较怀旧，他们的虚荣心是非常弱的。

选择C的人比较新奇另类，在很多时候，这类人的虚荣心是比较弱的。但由于个性偏执，这类人对于想要得到的东西是充满攻击性的。

选择D的人，心理学家将其定义为"虚荣心最弱的群体"。在心理学家看来，这类人低调、沉稳，甚至还有点儿闷骚。他们的共同点是，喜欢朴素的衣着，不爱出风头，生活简单乏味。

测试你的自恋程度

1. 照镜子的时候，你是不是常常在它面前发一小会儿呆，时间超过3秒钟？（"是"前往6，"否"前往2）

2. 比起发型来，头发的清洁程度才是最重要的。（"是"前往7，"否"前往3）

3. 喝咖啡的时候，你是不是总把勺子留在杯中？（"是"前往4，"否"前往9）

4. 截至目前，你已经有了三套以上的个人写真集。（"是"前往5，"否"前往9）

5. 买保健食品的时候，你很重视它们的功效。（"是"前往10，"否"前往9）

6. 洗完澡后，你发现自己正在无意识地抚摸自己的肌肤。（"是"前往11，"否"前往7）

7. 每天都更换内衣。（"是"前往8，"否"前往12）

8. 你睡的枕头，是非常柔软的那种。（"是"前往13，"否"前往9）

9. 总是穿高跟鞋会很不舒服，天天打领带也很烦人，但是为了形象，就这么着吧。（"是"前往13，"否"前往14）

10. 不能忍受三天以上不洗澡的行为。（"是"前往15，"否"后退至9）

11. 已经拍摄了两套个人写真了。（"是"前往12，"否"前往16）

12. 一个人的时候，喜欢裸身走来走去。（"是"前往13，"否"前往17）

13. 不介意甚至希望同性看到自己的身体。（"是"前往14，"否"前往18）

14. 习惯裸睡。（"是"前往19，"否"前往15）

15. 会有意地向别人展示自己的性感或者魅力。（"是"前往19，"否"前往20）

16. 对于伤害，你是非常敏感的。（"是"前往类型A，"否"前往17）

17. 一件服装的样式要比它的质量重要。（"是"前往类型B，"否"前往18）

18. 工作的时候，你想要一个非常柔软的座椅。（"是"前往类型C，"否"前往类型B）

19. 有时候不穿内衣也不会不舒服。（"是"前往类型D，"否"后退至18）

20. 经常觉得自己受委屈了。（"是"前往类型E，"否"后退至19）

很显然，研究者已经按照自恋程度，将顺序排好了，其程度是从A开始到E结束，效果依次加强。

对于那些做出A选项的人来说，我们很难将他们看作自恋的人，但是不要被眼前的表象所蒙蔽，他们的自恋更多是存在于思维层面的，很多时候他们不说，别人也就无从得知了。最重要的是，他们对于自己的认可和欣赏，都是无意识的。也就是说，这类人的自恋，连他们自己都不知道。

选择B的人将自恋看作了表现形式，他们认为如果自己不够迷人，就很难受到别人的欢迎。对于这类人来说，他们和自恋有一道明显的界限，这些人能够区分开哪个是真正的自己，而哪个又是伪装过后的假象。他们将自恋看作生活中必不可少的调味品，有一点儿依赖，但是如果没有，也是可以接受的。

选择C的人对于自恋的依赖是非常强烈的，在他们眼中，生活的压力实在是太大了，自己需要从自恋中寻找慰藉。在很多时候，这种自恋已经不受欢迎了，因为它过分强调个人的利益，而往往导致其他人受到伤害。对于这类人，我们是需要包容、引导的，因为他们远没有表现出来的那么傲慢和自私，而是他们已经很难离开现有的生活模式了。

选择D的人看上去有些偏执，这导致他们融入集体生活有些困难。因为在很多时候，他们对于自己都是无比看好的，而其他人在他们眼里自然是要低上一等的，这种骨子里流露出来的骄傲让其他人在和他们交往的时候显得小心翼翼。最可怕的是，这种处于亚健康状态的人际关系，在他们看来却是最好的。

　　选择E的人，已经将自恋发展到了一种病态模式，他们对于外界的变化非常敏感，而且在很多时候，他们都有自己不被别人爱的恐惧。事实证明，这种无来由的臆想，很容易诱发所谓的被害妄想症，这是对个人极为不利的心理状态，其实没有人对你太坏，只是你对自己太好了而已。

测试你的悲观指数

当你在地上看见一个闪闪发光的物体，你会认为它是什么？

A. 一定是一枚两克拉的钻戒。

B. 不过是个普通的瓶盖罢了。

C. 想必是破碎的玻璃片。

D. 可能是一个50美分的硬币。

对于以上几种选择，心理学家认为，选择A的人属于超级乐天派，他们对于未知事物充满信心，并且认为胜利永远是触手可及的。然而，这类人有些盲目，过分的赞誉会使得他们的自信心爆棚，由此陷入骄傲自满的境地。因此，如果要想帮助他们顺利成长，"皮格马利翁"只需要发挥20%的作用就可以了。

选择B的人在哈佛专家眼中属于偏向悲观一面的群体。从整体来看，这类人占据了人群的大多数，他们不是整天爱幻想的小孩子，对于社会的认识也比较成熟。这个时候，赞美对于他们的帮助是最大的，在很多时候，只要给他们的生活添加一点儿积极的因素，这些人就能展示出极大的变化。罗森塔尔表示，"皮格马利翁"只需要按照正常标准，使出50%的力量就足够了。

选择C的人悲观程度最高，他们当中有很多人都患有轻度的抑郁症，同时也是自闭症的高发人群。在哈佛学者看来，这类人多愁善感，时常沉迷在自己的幻想当中，蜻蜓点水式的鼓励和激发并不能对他们的人生起到特别积极的影响，可以说，他们是皮格马利翁效应最微弱的群体。要想让他们发挥出惊人的能量，外界的鼓励需要"非常露骨"，即"皮格马利翁"需要发挥90%以上的作用，或许才能够激发出他们的热情，让他们变得更加优秀。

选择D的人心态不错，稍微还带有一点儿玩世不恭，和他们交往是非常容易的事情。而且在罗森塔尔看来，皮格马利翁效应在他们身上的反映也是最明显的，只要稍微有一点儿外力作用，他们就会变得兴奋起来，只需要为数不多的赞美，就可以顺利地完成自己的学习任务。

（全书完）